KB203797

사명

마지막 사명에 도전하라

사명

마지막 사명에 도전하라

김흥용 지음

코람데오

내 하나님을 증거하는
다윗의 시를 쓰며……

　1860년, 강력한 노예 폐지론자인 공화당의 링컨이 미국의 제16대 대통령으로 당선되었다.

　링컨의 당선은 미국 내 분열의 시작을 알리는 일이었다. 평상시 노예제도를 반대한 남부의 11개 주는 미국 연합에서 독립하여 자기들끼리 모여 리치먼드를 수도로 하는 '아메리카 연방'을 결성하고, 북부에 대해 무력 공격을 하게 된 것이다.

　이것이 남북전쟁이다.

　북군은 매번 남군에게 밀리다가 1862년 9월 17일, 처음으로 메릴랜드 주의 앤티탐 전투(Battle of Antietam)에서 승리한다.

　링컨이 그토록 목말라 하던 승리의 소식을 접하고 너무나 기뻐 그곳을 방문하자 옆에 있던 한 참모가 기쁨에 들떠 흥분하며 말했다.

　"대통령 각하! 이제부터 아무 염려하지 마십시오. 하나님은 우리 북군 편이십니다. 하나님과 함께하니 이제는 북군이 이길 겁니다."

그때 이 말을 들은 링컨은 "이보게, 오직 나의 염려는 내가 하나님 편에 서 있는가? 하는 것일세. 우리가 하나님을 향해 서 있기만 하면 언제나 하나님은 우리 편이 되어 주신다네."라고 대답했다.

　　링컨은 젊은 시절부터 다윗의 시를 읽고, 그 사실을 깨달았다. 그는 다윗처럼 아무리 어려운 상황일지라도 하나님 편이 되길 소원했고, 하나님의 기쁨이 되길 바랐다. 그렇게 하면 하나님께서 그의 모든 삶을 책임져 주실 것이라 굳게 믿고 있었다. 인간의 기본권인 노예제도 폐지는 하나님의 뜻이라 생각했던 것이다.
　　그런데 기독교 국가였던 미국은 북군과 남군 모두 같은 하나님을 믿고, 같은 하나님께 기도를 드리고 있었다. 당시 남군도 하나님께서 자기편에 서신 것을 확신하며 승리의 기도를 드렸을 것이다.

　　우리는 여기서 중요한 것을 깨닫게 된다.
　　즉, 두 진영 모두 기도를 드렸고 두 진영 모두 하나님을 믿었지만 어느 진영이 기도를 많이 드렸느냐 보다 과연 누가 하나님 편에 서 있는지가 더 중요하다는 사실이다.
　　하나님이 내편이 아니라 내가 하나님 곁에 서 있어야 하나님 편이라는 것이다.

우리는 늘 '하나님이 내편인데, 내가 하나님께 얼마나 기도를 드리는데 이럴 수 있느냐'면서 삶이 어려울 때마다 하나님을 원망한다. 하지만 돌아보면 지금의 내 모습은 그분 탓이 아니고 내 탓이다. 내 선택의 결과로 만들어진 것이다. 그분은 늘 변함이 없으시고 모두를 사랑하신다. 변하는 것은 나였다.

이 책을 집필하면서 인생의 흔적을 돌아볼 수 있었다. 돌아보니 모두가 그렇듯이, 나도 선택의 기로에서 '아쉽다' 하는 선택의 순간들이 있었다.

만일 내가 그때 다른 선택을 했다면 지금 어떤 삶을 살고 있을까?

아마도 조금 더 잘 살았을 것 같다.

그런데 깊이 묵상해 보니 또 그건 아닌 것 같다.

하나님은 아들을 사랑하신다.

지금 내 모습을 과거의 내가 선택을 잘못하여 이루어진 모습으로만 보고 후회한다면 그건 믿음의 부족에서 오는 나의 어리석음일 것이다.

그때 만일 내가 다른 삶을 선택했다면 더 심각하게 악한 모습으로 하나님 앞에 후회와 회환만 가득한 인생이 되었을 수도 있다.

아니, 분명 그랬을 것이다.

어떤 때는 교만으로, 어떤 때는 부함으로, 어떤 때는 헛된 권력과 명예로 그렇게 나는 망가질 수도 있었을 것이다.

하나님은 나를 사랑하시어 자녀가 그렇게 망가지기를 원하지 않으신다. 그래서 그때 하나님은 내 선택을 인도하시고, 그 선택으로 최악은 막아주신 것이다.

그것이 현재의 내 모습이다.

"너희 중에 아버지 된 자로서 누가 아들이 생선을 달라 하는데 생선 대신에 뱀을 주며 알을 달라 하는데 전갈을 주겠느냐 너희가 악할지라도 좋은 것을 자식에게 줄 줄 알거든 하물며 너희 하늘 아버지께서 구하는 자에게 성령을 주시지 않겠느냐 하시니라."(눅 11:11-13)

그렇게 생각하니 지금 나의 모습이 불평이 아닌 감사함으로 다시 넘쳐 난다.

하나님에 대한 믿음!

그 믿음을 가지고 현실을 직시하면 은혜와 사랑이 보인다.

인생 역전은 다른 것이 아니었다. 바로 이 귀한 진리를 깨달을 때 현재의 내 삶 자체가 역전된다는 것이다.

링컨이 다윗의 시를 보고 깨달은 것처럼 내가 현재 하나님 편에 서 있기만 한다면 그분이 내편이고, 그러면 내 삶이 역전하여 변화된 것을 깨닫게 된다. 그것이 은혜다.

정말 인생 역전은 멀리 있는 것이 아니었다.

지금 발을 딛고 있는 이 순간, 우리 모두의 현장이 진정한 역전이고 역설이다.

계절의 변화가 시작되었다. 이 변화 속에서 내 마지막 힘을 다해 인생 역전의 삶을 추억하며 그려 본다.

그리고 그 안에서 나를 인도하신 역전의 내 하나님을 증거하고자 내 방식으로 새로운 다윗의 시를 쓰고자 한다.

이 글을 다 마치기 전에 혹시 내가 하나님의 부르심으로 사라질 수도 있지만 그래도 마지막까지 힘을 내어 내 역전의 시를 쓰고자 한다.

2019년

CONTENTS

프롤로그 · 5

CHAPTER 1 후회 없는 삶을 위하여

기도 · 15

편지 · 20

추억을 보내며 · 24

나의 사랑 · 28

세마포 · 34

꽃피는 산골 · 41

호산 · 46

친구 · 51

어머니 모습 · 54

수학여행 · 62

떠난 친구들 · 67

CHAPTER 2 역전의 하나님

막장 광부 · 75

걸인 · 84

밤의 노래 · 91

CONTENTS

행복의 시작 · 95

미션 임파서블 · 102

꿈의 대학생 · 109

무한도전 · 112

꿈꾸는 자의 복 · 121

목회자-부르심 · 126

서울역 나사로의집 · 133

쪽방 · 141

가난의 세습 · 153

CHAPTER 3   스콜로스-가시

불신 · 161

반갑지 않은 손님 · 169

하나님의 반전 · 175

또 다른 시련 · 180

길을 헤매는 나 · 185

새로운 도전 · 191

C O N T E N T S

CHAPTER 4 꿈

결단 · 199

부천 생활 · 205

이별 · 211

흔적 · 218

아픔 · 222

삶의 이유 · 227

슬픈 소식 · 234

마지막 열매 · 241

사랑 · 246

영원한 친구야 · 256

아코디언 · 263

약속 · 267

CHAPTER 1

후회 없는
삶을 위하여

기도

"하나님! 오늘밤 하루만 살려주세요."

밤새 기도하며 몸부림쳤다. 죽기 전에 남기고 싶은 말이 있었기 때문이다. 정신이 혼미해지고 가슴이 답답해 오기 시작했다. 아내는 지체 없이 119에 신고했다. 집에 도착한 119 대원들은 나의 상태를 확인한 후, 들것에 눕혀 차에 실었다. 가까운 병원에 도착하자 곧바로 CT 촬영을 해야 한다며 CT 촬영실로 옮겼다. 이미 팔에는 링거 주사가 꽂혀 있었고, 혈액을 뽑는 등 간호사들도 분주히 움직였다.

그런데 나를 CT 촬영기 위로 옮기던 중 내 목에 걸려 있는 표찰을 본 간호사가 "잠깐만요!" 하며 촬영 준비를 중단시켰다. 나는 외출 시 항상 목에 이 표찰을 착용하고 다닌 지 오래다. 표찰에는 'CT, MRI 촬영 시 조영제 금지'란 말이 크고 붉은 글씨로 선명하게 적혀 있다.

보통 CT 촬영을 할 때는 조영제를 넣어 촬영하게 되는데 조영제 투입 직전에 이 표찰을 보고 중단시킨 것이다. 내 표찰에 신장 때문에 조영제 사용을 금한다는 신장 전문의의 소견이 명시되어 있으므로 조영제를 사용해서는 안 된다.

　나는 신장병으로 인해 우측 신장을 절제했고, 왼쪽 신장도 3분의 2를 절제한 상태여서 왼쪽 신장 3분의 1로 살아가고 있다. 이렇다 보니 늘 신장 집중 치료를 받는다. 그 밖에도 위암으로 위 전체를 절제했고, 기타 여러 가지 병으로 여섯 번의 큰 수술을 하여 현재도 투병 생활을 하고 있다. 따라서 복용하는 약 종류가 많기 때문에 병원에 진료를 받으러 갈 때는 이런 상황을 항상 알려야 한다.

　이번처럼 응급상황에 처했을 때 표찰은 그 진가를 발휘한다. 표찰에는 병명에 따른 투약 종류가 상세히 적혀 있다.

　단골병원이나 세브란스 병원에서 약 처방을 받을 때는 타 진료 과목 담당 의사와 의논한 후에 약 처방을 해 준다.

　한바탕 소란 후에 CT 촬영이 끝나고 결과가 나왔다며 의사가 왔다. 갑자기 혈압 상승으로 호흡 곤란과 어지러움증이 왔고, 그로 인해 경련 등이 온 것 같다고 한다. 하지만 당장 응급치료만 진행하고 약 처방은 할 수 없다고 했다. 왜냐하면 지금 먹고 있는 약과 처방해야 할 약을 함께 복용할 경우 문제가 생길 수 있어서 정밀검사를 한 후에나 처방할 수 있다는 것이다. 차라리 진료받고 있는 세브란스 병원으로 갈 것을 권했다.

　결국, 나는 응급으로 혈압을 내리는 임시 약 외에는 처방약을 받을 수가 없었다. 그래도 집에 도착하니 안도의 숨이 나온다.

지난밤에 말 한마디 남기지 못하고 금방 죽을 것만 같아 오늘밤만 살려달라고 간절히 기도했는데 하고 싶은 말을 남길 수 있는 시간이 주어졌으므로 퇴원하여 집에 온 것이 얼마나 다행인가.

엘리 엘리 라마 사박다니

예수님은 십자가 위에서
"엘리 엘리 라마 사박다니" 하면서
마지막 기도를 드리셨다

예수님의 이 간절한 기도는
온 세상 사람들을 살리시기 위한 기도였다

나의 마지막 기도는
이슬 같은 인생의 외마디 비명이었다

내 마지막 기도 다시 드리게 된다면
예수님의 기도를 드리고 싶다

걸어 다니는 병원

내 별명은 젊은 날부터 '걸어 다니는 병원'
목도 수술하고 위도 잘라내고
콩팥도 잘라내고 혈압은 고혈이고……

여든 살을 살았다는 게 기적이다
내 인생이 무엇인가 생각하니
한마디로 기적이다

사람들아 기적이 없다고
함부로 말하지 마라
병원이 걸어 다니는 것을 보아라

이것이 기적이다

편지

퇴원 후, 나는 우선 가족에게 남기고 싶은 말들을 정리해서 유언으로 남겼다. 그리고 그동안 나에게 사랑을 많이 베풀어주신 고마운 분들과 친구들, 지인들에게도 감사했다는 인사말을 남길 방법을 궁리했다. 고민 끝에 마지막이 될지도 모른다는 생각으로 사랑과 존경의 마음을 담아 감사의 편지를 쓰기로 했다.

존경하고 사랑하는 분들께

존경하는 목사님, 박사님, 교수님, 그리고 친구, 후배, 동료님 고맙고 감사합니다.

저는 지난주에 두 번이나 병원 응급실을 이용했습니다. 하늘로부터 부르심을 받은 지는 이미 오래되었고, 떠날 날만 남겨두고 있었는데 이번에도 하나님께서 데려가시지 않고 살려주셨습니다. 그동안 사랑받고 은혜 입은 것이 많으니 서신으로나마 인사드리고 오라고 데려가시지 않은 것으로 생각하고 퇴원 즉시 서신으로 인사 올립니다.

이 서신 인사가 제 생에 마지막이 되지 않을까 생각되어 간절한 마음으로 몇 글자 올립니다. '팔십'이면 누구나 언제 하늘의 부르심을 받을지 모르는 나이라는 생각이 듭니다.

떠나기 전에 꼭 하고 싶은 말들을 정리하고 그날을 준비해 놓으면, 남은 가족이 장례 치르는 데 편리할 것이라 생각되어 저는 유언장을 작성했습니다. 그리고 책, 옷, 사진, 서류 등을 며칠에 걸쳐 정리했습니다. 그것들을 정리할 때 추억들이 주마등처럼 스쳐가 왈칵 눈물이 솟구쳤습니다. 고단한 삶이기도 했지만 또한 그만큼 아름답고 그리운 날들이었기 때문인 듯싶습니다.

정말 모든 것을 마음으로부터 내려놓고 홀가분한 마음으로 하나님 앞으로 가려고 합니다. 그러니 이젠 님의 마음으로부터 이 연약한 종을 놓아주시면 감사하겠습니다.

특별히 제가 약속한 말을 지키지 못하고 떠나게 되지는 않는가 싶어 미안하고 마음이 아픕니다. 그리고 혹시 제게 서운했던 일이 있었다면 모두 용서해 주시길 바랍니다. 저 또한 살면서 잠시라도 서운했던 일들을 모두 이해하고 용서하겠습니다.

이렇게라도 용서받고 용서했다고 생각하니 한결 마음이 가볍고 이제 편안한 마음으로 하늘나라에 갈 수 있을 것 같습니다. 저를 사랑해 주시고 아름다운 인연들을 주신 하나님께 감사와 영광을 올려드립니다.

살면서 가장 행복하고 보람찼던 것은 하나님의 자녀로 신앙생활을 한 것이라고 생각합니다.

부디 님들께서도 예수님을 믿어 구원받고 하나님의 자녀가 되어 행복한 삶 누리시길 바랍니다. 갑자기 정신이 혼미해집니다. 여기서 줄여야겠습니다.

끝으로 새해 명절 때마다 온정을 보내주신 분들께 감사드립니다. 앞으로는 저를 기억 저편으로 보내시고, 더욱 복되고 의미 있는 은총의 삶을 사시길 진심으로 빕니다.

저는 이제 이것을 마지막으로 새해 인사, 방문, 서신은 일절 하지 않으려고 합니다. 이 서신을 받으신 후엔 제가 조용히 준비할 수 있도록 그저 기도만 해 주시면 감사하겠습니다. 부디 행복하시길 빕니다. 안녕히 계십시오.

김흥용 올림

편지를 발송하고 나자 마음이 한결 가벼워졌다. 가족, 존경하는 분들, 지인들에게 인사라도 남기고 떠날 수 있게 되니 얼마나 다행이고 기쁜 일인가. 이젠 마음 편히 하나님 앞에 갈 수 있을 것 같다.

마지막 당부

당신이 이 세상을 떠난다면
당신은 당신의 자녀들에게
무슨 말을 남기겠습니까?

나는 팔십 평생을 살았지만
"감사합니다!" 한마디 외엔
할 말이 없습니다

나누어 줄 돈도 없고
챙겨 놓은 가보도 없어 막막했지만
감사할 수 있는 사람이 있어서 행복했습니다

추억을
보내며

누구에게나 그렇듯이, 나에게도 소중한 사진들이 많이 있다. 약혼사진, 결혼사진, 대학 졸업 앨범, 봉사활동 사진, 목회활동 사진 등 정말 하나하나 소중한 추억이 담긴 사진들이다.

나는 이 소중한 추억들을 찬찬히 들여다보고 만져 보았다. 그리고 마음을 다잡고 가위를 들어 그 사진들을 하나 둘 잘라버렸다.

나에게는 하나하나 소중한 추억이지만 내가 사라지고 나면 자녀들에게는 해묵은 짐이 될 수 있기 때문이었다.

자녀들이 바쁜 인생길을 걷다 보면 자기 사진은 물론, 자식들 사진도 제대로 보지 못하는데 부모 사진까지 들여다 봐줄 시간이 없을 것이기 때문이다.

부모 사진들을 자식 된 도리로 버릴 수도 없고, 울며 겨자 먹기로 보관은 하지만 결국 애물단지가 되고 말 것이다. 그러니 자식들에게 짐이 되지 않도록 내가 직접 모두 없애 버리고 가는 것이 가장 현명한 방법이라고 생각했다. 그래서 나는 내 사진들을 모두 과감하게 찢어 버렸다.

사진을 정리한 후에는 서류 정리에 들어갔다. 그동안 이런저런 활동이 많았으므로 참고한 서류들도 꽤 많았다. 이 서류들마저 사정없이 폐기했다. 다음으로 한 일은 책 정리였다.

나는 그동안 할 말도 많아 수필집, 간증집, 설교집 등 열 권 이상의 책을 펴냈다. 오래전에 나온 책들이라 글씨체가 작아서 읽기도 힘들었다. 그리고 책 표지도 얼굴을 넣는 것이 내 스타일이라 표지마다 나의 얼굴이 크고 선명하게 들어가 있고, 저자 소개 면에는 큰 자랑이라도 되는 듯 화려한 이력들이 길게 나열되어 있다. 이제와 생각하니 모두 다 허세고 교만이고 자랑이었다.

나는 허세와 교만과 자랑을 가지고 하늘에 가는 것이 부끄러웠다. 나의 교만을 내려놓고 싶어서 내 손으로 내 책들을 모두 폐기했다.

책 정리 후에는 옷 정리를 시작했다. 양복, 코트, 점퍼 등 아끼고 아끼던 옷들을 꼭 필요한 몇 벌의 옷들만 남기고 사정없이 큰 자루에 넣어버렸다. 이건 내가 목사 안수를 받고 처음 입은 양복인데, 이건 장로님이 사준 옷인데…… 어느 옷 하나 소중한 추억이 담겨 있지 않은 것이 없다. 다 아끼고 추억이 있는 옷들이지만 내 자녀들에게는 그냥 짐일 뿐이다.

장롱 서랍을 열어 보았다. 차곡차곡 개어 있는 내복과 속옷들이 보인다. 그동안 몰랐는데 내복과 속옷이 참 많다.

나는 그중에 깨끗한 것만 빼고 세월의 흔적이 묻어 있는 내복과 속옷들도 모두 자루에 담았다. 그런데 내복과 속옷들을 버릴 때 갑자기

가슴 한 구석이 따끔거리며 아픔이 전해온다.

겉옷들처럼 그다지 추억이 묻어 있는 것도 아닌데 왜 그럴까?

아내 때문이었다.

장롱 서랍마다 깨끗이 세탁해서 차곡차곡 정성을 다해 넣어둔 아내의 정성과 사랑이 담겨 있었기 때문이다.

옷을 정리하면서 아내의 깊은 사랑을 다시 한 번 느낄 수 있었다.

만일 아내가 나보다 먼저 죽는다면 나는 아내의 옷 정리를 하면서 많이 울었을 것이다. 생각만 해도 끔찍하다.

그리고 끝까지 이기적인 마음을 품어 본다.

제발, 내가 아내보다 하루라도 더 빨리 세상을 떠나서 아내의 속옷을 내 손으로 정리하지 않게 되길…….

아내가 나보다 건강하게 오래오래 사랑하는 자녀들과 행복하게 더 살다 오길 소망해 본다.

사진들

거기에 꽃 피던 봄날 같은
내 청춘이 있네

잊을 수 없는 사랑이 있네
그리고 흘러간 시간이 있네

볼수록 그리운 사람들
다시 오지 못할 내 인생

더 사랑하지 못한 아쉬움
더 착하지 못했던 내 인생

이제 천국에 가면
후회 없는 사진 꼭 찍어야지!

나의
사랑

아내가 아니었다면 어느 누가 이렇게 내 옷을 정성을 다해 정리해 놓았겠는가 생각하니 아내의 고마움과 중요함에 대해 다시 한 번 생각하게 되었다. 나는 옷을 정리하면서 왈칵 쏟아져 나오는 눈물을 주체할 수 없었다. 모두 추억이 깃든 옷이었고, 특히 고생하던 시절, 힘들었던 일들이 옷마다 배어 있었기에 뜨거운 눈물이 펑펑 솟구쳐 올랐다.

책장도 정리했다. 나는 책을 꽂아 놓은 책장 말고도 상패, 상장, 포장 등을 정리해 둔 책장이 다섯 개나 있다. 이 중 1호 책장에는 김대중 대통령으로부터 받은 국민 표창, 전두환 대통령으로부터 받은 대통령 표창, 시장으로부터 받은 서울시민대상, 연말에 보신각 타종하던 내 모습이 담긴 액자 등이 있다. 또 목회할 당시 장로, 권사 등 임직자를 세울 때 찍은 사진과 메달 등도 들어 있다. 2호 책장에는 장관 등 각 단체로부터 받은 상, 대학교 동문 이사 패, 수필 등단 패 등이 들어 있다.

　1호 책장을 제외하고 2호, 3호, 4호, 5호 책장 안에 비치된 모든 상장과 상패들을 자루에 담았다. 그러나 1호 책장을 정리하기까지는 많은 생각을 해야만 했다. '모두 버릴까, 아니면 모두 정부에 반납해 버릴까?' 등등 많은 고심을 했다. 사실 나는 이 문제를 오래전부터 고민해 오고 있었다.

　이 모든 상에도 옷처럼 많은 사연들이 담겨 있었기 때문이다. 특별히 나는 이 상들을 받기 위해 고생을 많이 했고 가정을 너무 소홀히 했다. 나는 봉사하는 게 좋아서 열심히 일해 이렇게 많은 상을 받았지만 이 때문에 가정 형편은 늘 쪼들렸던 것이다. 아이들은 교육도 제대로 받지 못했고, 아내도 평생 고생길을 걸었다.

　다른 아버지들은 자녀에게 재산을 물려주고 교회도 물려주는데 나는 쪽방을 돌보는 십자가 길만을 물려주었다. 그래서 내가 세상을 떠난 후, 자식들이 1호 책장을 보고 어떻게 평가할지 염려되었다. 아버지로서 진정 올바르게 살았는지 다시 한 번 내 인생을 돌아보게 되었다. 또 아내에게도 너무나 미안한 나의 모습이었다.

　자식들이 저 화려한 훈장들을 보면서 저것들 때문에 우리 가정이 어려웠고 우리 모두가 고생했다고 생각할 것 같아 마음이 아팠다.

　그래서 나는 1호 책장까지 정리하려고 마음을 먹고 대통령 표창과 훈·포장 등을 자루에 담았다.

"여보!"
아내의 큰 외침에 나는 깜짝 놀랐다.

"아니, 왜 그것까지 버려요. 안 돼요."

아내가 말리면서 내게서 자루를 빼앗더니 자루에서 표창장들을 꺼낸다.

그리고 조용히 말한다.

"여보, 당신 마음 다 알아요. 하지만 우리 가족은 희생을 한 것이 아니에요.

우리는 희생이 아니라 함께 사역을 한 거예요.

당신과 함께 사역을 한 거니 이제 그만 마음의 빚을 내려놓아요."

그리고 조용히 자루에서 나머지 물건들을 모두 꺼내 다시 세워 둔다.

책장을 정리하는 아내의 모습 속에서 언제나 나를 믿어 주고 사랑해 준 나의 어머니의 모습이 보인다.

결국, 나는 1호 책장을 제외하고 지난 모든 내 삶의 흔적을 없애버렸다.

나는 폐기 자루에 담긴 책, 옷, 서류, 사진 등을 폐기물을 수집하는 성도를 불러 가져가라고 했다.

속이 시원하고 마음이 가벼워지는 것 같았다.

그가 작은 트럭에 '내 추억의 허세들'을 싣고 떠났다. 나는 그 자리에 서서 골목 끝으로 그의 트럭이 사라지는 모습을 지켜보며 "추억들아 잘 가라!"고 배웅을 했다.

나의 반쪽

그대는 내 한쪽 눈
그대는 내 한쪽 팔
그대는 내 한쪽 발

내 인생을 지탱해 준 받침대
튼튼한 기둥

거친 풍랑이 몰아칠 때
나를 부두에 단단히 매어준 튼튼한 밧줄
영원히 끊어지지 않으리

행복하여라

성경책 옆에 끼고
내 팔 붙들고

비가 오나 눈이 오나
내 곁에 있네

함께 찬송하며
함께 기도하고

팔십 평생을 저 하늘처럼
언제나 내 곁에 있네

당신의 자리, 내 자리
저 천국에 있네

헛되고 헛되니 (1)

훈장이 다 무엇이고
포장이 다 무엇인가

벗이여, 혹시나 그대 자랑 아닌가
그대 교만 아닌가
세상 영화 아닌가

살아보니 헛되고 헛되니
솔로몬의 말이 틀리지 않네
사랑보다 귀한 것 하나도 없네

사랑하라 하신 예수님 말씀
잊지 말게나
그거 없으면 백 개 훈장도 안개라네

세마포

나는 그동안 세상 떠나는 사람들의 마지막 모습을 많이 보아왔다. 부모님, 동생, 누님, 조카 등……

특히 장례 절차 중 입관하기 전 시신에 수의를 입히는 광경을 보면서 느끼는 것이 많았다. 수의는 하나같이 베옷이었다. 입힐 때는 바지, 저고리를 입힌 다음 두건을 씌우고, 손에는 통으로 된 장갑을 끼우고, 발에는 버선을 신기고 난 후에 끈으로 온몸을 꽁꽁 묶는다. 묶어 놓은 시신은 마치 큰 장작개비 같다. 그 모양이 미라를 연상시켜 무섭기도 하다.

수의를 보면 빳빳하게 풀 먹인 베옷을 입던 어린 시절이 떠오른다. 나같이 피부가 약한 사람은 여름 내내 풀 먹인 빳빳한 베옷에 피부가 스쳐 몸 여기저기가 늘 벌개서 다녔다.

나는 오래전부터 내 마지막 모습을 생각해 보고 있었다. 그리고 유언장에 입관할 때는 평상복에 두루마기를 입히고 얼굴이 보이도록 머리에 두건을 씌우지 말라고 써넣었다.

나는 죽어서 입을 수의를 내 손으로 직접 준비해 놓기 위해 병원 장례식장을 몇 곳 방문했다. 이곳에 구비되어 있는 수의는 모두 베였는데 중국산은 저렴했고, 국산은 종류에 따라 가격 차이가 많이 났다. 나는 광목으로 된 수의를 원했지만 한 곳도 광목으로 만든 수의는 없었다.

내친 김에 나는 한복집으로 갔다. 그러고는 주인에게 사정하여 광목 두루마기 한 벌을 특별 주문했다. 또 다른 한복집에서는 광목 베갯잇 큰 것 하나와 작은 것 네 개를 주문했다.

차마 사용 용도는 밝히지 못하고 베갯잇이라 했다. 두루마기를 맞춘 집에서 베갯잇까지 함께 주문하면 이상하게 여길 것 같아 각각 다른 집에다 부탁한 것이었다. 물론, 베갯잇 큰 것은 두건용이고, 작은 것은 양말과 장갑용 수의였다.

며칠 후, 아내가 아들 집에 간 사이에 주문한 수의를 찾아와 집에서 착용해 본 다음 아내 눈에 잘 띄지 않는 장소에 숨겨두었다.

그날 저녁, 잠자리에 들기 전에 나는 아내를 조용히 불러 그동안 내가 작성한 유언장에 대해 말했다. 유언장에는 위급 시 119 신고부터 병원에 도착해서 해야 할 일, 상조회 등 장례 절차에 관한 모든 내용이 상세히 적혀 있었다. 아내는 수의까지 손수 준비해 둔 내용을 듣더니 침통한 표정이 되었다.

이튿날 아내와 함께 거래은행으로 향했다. 아내는 은행 일을 모두 나에게 맡겼기 때문에 은행 거래에 대해서는 아는 게 없다. 심지어 카드로 현금 입출금조차 할 줄 모른다. 나는 아내에게 통장 거래와 카드 사용법에 대해 자세히 알려준 후, 통장, 카드, 도장까지 넘겨주었다. 앞으로 모든 금전 관리를 아내가 하도록 했다. 아내도 지금 나의 건강 상태를 이해하며 그 상황을 묵묵히 받아들였다. 은행 일을 마치고 아내의 마음을 위로해 줄 겸 해서 점심은 외식을 하기로 했다. 먹고 싶은 것은 무엇이든 다 사줄 테니 마음대로 고르라고 했다.

아내는 순두부찌개가 먹고 싶다며 순두부찌개를 파는 음식점으로 가자고 했다. 나는 아내가 순두부찌개를 선택한 이유를 잘 알고 있다. 내가 좋아하는 음식이기 때문이었다. 아내는 늘 그랬다.

우리는 순두부찌개를 맛있게 먹고 집으로 돌아왔다. 책상 앞에 앉아 이런저런 생각에 잠겼다. 육신과 정신이 이만큼이나 맑고 건강할 때 그동안 살아 온 흔적을 찾고 싶었다. 새로운 나만의 시간 여행이다. 나의 삶을 온전히 정리해 볼 수 있는 그 시간 여행을 계획해 본다. 나는 세월의 흔적을 찾아보기로 결심했다.

세마포

누구나 한 번은 입어야 하는 옷
이제 이 옷 벗으면
나는 천국에 있을 것이니
즐거운 마음으로 입으리

이 옷 한 번 입으려고
이 옷 저 옷 몸에 많이도 걸쳤네

누구나 한 번은 입어야 하는 옷
나머지 모든 옷은 두고 가는 것이니
혹시나 벗은 자 있으면
가진 옷 나누어 주게

가벼운 옷

수의는 가볍다
무늬도 없고 장식도 없어
수의는 가볍다
사람들은 무늬를 좋아하고 장식을 좋아하는데
하나님은 천국에 올 때
그것들을 다 떼고 오라 하신다

순두부 백반

모처럼 맛 좋고 비싼 음식 사먹자 했더니
아내가 고른 것은 순두부 백반이다
팔십이 넘어도
순두부같이 희고 보드라운 맘 변치 않은 아내여
그대 아니었으면
내 어찌 '순두부 백반 인생'을 살았겠는가
나도 가난하고 당신도 가난한데
어찌 쪽방 인생들을 돌아보았겠는가
순두부 백반 먹으며 절약한 거
사랑이라고 보탠 인생
우리의 인생 아닌가

믿음

내가 걸어 다니는 병원인 것
온 천하가 아는데
아내여, 당신은 어이하여 나를 믿는가
일 원 한 장 생겨도 나한테 맡기니
무얼 보고 나를 믿는가
검은 머리 파뿌리 되도록
우리 맘 변치 말자던 예식장의 언약
지금도 믿는가
이 믿음 어디서 오는가
우리를 사랑하신 예수님
거기서 오는 것 확실하네

꽃피는
산골

강원도 삼척시 원덕읍 이천리 555번지. 이곳은 나의 출생지고 이곳에서 초등학교 2학년까지 다녔다. 어느 날, 아내와 함께 내 세월의 흔적을 찾아 내가 태어난 땅 삼척시 원덕읍 이천리로 향했다.

먼저 고향 호산에 계신 누님을 만났다. 그리고 호산에서 4킬로미터 거리인 이천리 555번지를 찾아 셋이서 길을 떠났다.

떠난 지 70년이 넘어서 출생지를 찾아왔다. 주변이 많이 변하기도 했지만 경치는 그대로고 그 정취도 별반 다르지 않았다.

몇몇 주민은 호산에 사시는 누님을 잘 알고 있었고, 우리 일행을 반갑게 맞아주었다.

"어휴, 순천이 아니냐? 니 오랜만이다. 아직 호산에 살지?"

"예, 저 순천이에요. 건강해 보이시네요. 서울에서 제 동생도 왔어요."

"야가, 그 작은 동생인가? 아이고, 많이 늙었네."

허리가 구부정한 90노인이 나를 알아보신다.

"야야, 조금만 기다려 봐. 내가 커피 끓여 올게."

"할머니, 괜찮아요."

"아니야, 조금만 기다려."

할머니가 구부정한 자세로 부엌에 들어가신다. 그리고 얼마 후, 쟁반에 큰 사발 세 개를 받쳐 들고 나오신다.

사발에는 커피가 한 가득 담겨 있다. 그것을 누님과 나와 아내에게 내미신다.

요즘은 도시나 시골이나 집집마다 커피 대접이 손님 접대의 예가 되었다. 다만, 시골은 인심이 후하다. 냉면 대접만한 사발에 커피를 담아 주는 그 모습이 정겹다.

우리는 할머니의 접대를 받은 후, 살았던 옛 집을 찾아갔다.

그 집은 초가집이었고 집 앞에는 큰 대추나무가 있었다. 어릴 적, 우리는 비바람에 대추가 떨어지면 그것을 주워 먹곤 했었다.

그러나 집은 흔적도 없이 사라지고 공터만 남아 있었다. 누님과 나는 공터에 서서 잠시 어린 시절 이야기를 나눈 후, 아쉬운 마음을 달래며 다음으로 살던 집을 찾아갔다. 그 집은 그 자리에 그대로 있었다. 당시는 초가집이었고 마당도 넓어서 마당에서 벼 타작도 하고 도리깨질도 했었는데 지금 그 마당은 너무나 작게 보였다. 지붕도 청기와로 덮여 있었다. 무척 아쉬웠다. 지금 이 집에는 마을 이장이 살고 있다고 한다. 누님과 나는 집을 둘러보고 마당도 밟아보며 신이 나서 아내에게 추억들을 들려주었다.

지금도 뇌리에 생생한 그 옛날의 우리 모습들이 흘러버린 세월 가운데서 아쉽게 배회한다.

원덕읍 이천리 555번지

강원도 삼척시 원덕읍 이천리 555번지
내가 태어난 곳이다
70년 세월 지나 이곳에 오니
세상은 변했어도 공기는 그대로다
내 첫 울음을 신고한 방과 마당은
흔적도 없이 사라지고
대추알 알알이 박힌 대추나무의 추억도
찾을 길 없다
그래도 남아 있는 것 하나 있으니
내 인생의 뿌리다
세상이 사라진대도 나는 여기에서 태어나
이 땅을 밟고 자라났다

공터

살아오면서 가끔 공터를 만났지만
그 의미를 알지 못했다
고향을 떠난 지 70년 만에 찾아온 고향
하지만 내가 태어난 곳은 공터다
초가지붕도 대추나무도
꼬리 흔들던 강아지도
아버지와 어머니도 친구들도
보이지 않는다
공터다
모두 다 어디로 갔는가

헛되고 헛되니 (2)

세상만사 헛되고 헛되다고
솔로몬은 말했다
부귀공명이 다 무엇이며
영웅호걸은 또 무엇인가
아침에 피었다 시드는
풀잎 아닌가
잠깐 피었다 마르는 풀꽃 아닌가

호산

　이천리 555번지에서 살다가 초등학교 3학년 때 호산 시내로 이사 갔다. 호산은 중학교 졸업 때까지의 추억이 서려 있는 곳이다. 전에는 면 소재지였으나 지금은 읍이 되어 누님과 조카들이 아직 살고 있다.

　시내에서 1킬로미터 거리에 아름다운 바다가 있고, 바다 가운데 해망산이라는 작은 산이 고향의 수호신처럼 앉아 있다. 우리는 어릴 적에 이 바다에서 즐겁게 물놀이를 하며 놀았다. 해망산에 올라가 넓은 바다를 보며 미래를 꿈꾸기도 했다.

　"수철아, 넌 커서 뭐가 될 거니?"

　"어, 난 장군이 될 거야."

　"뭐! 니가 장군이 된다고……하하하하 니가 장군이면 난 대통령이 될 거다."

　"그래? 그럼 나도 장군 말고 대통령이 될 거다."

　"뭐! 대통령은 하나니까 내가 먼저 될 거다."

그렇게 해망산에서 웃고 놀던 어린 시절이 생각난다.

그때 장군이 되겠다던 수철이는 정말 육군 장군으로 예편을 했다. 나는 비록 대통령은 못 되었지만 두 분의 대통령으로부터 표창과 포상을 받고 청와대도 갔다 왔으니 비슷하게나마 우리의 꿈은 이루어진 셈이다.

그렇게 아름다운 추억이 있던 내 고향 호산. 그런데 조용하고 아름답던 고향이 이제는 소란스러운 곳으로 변해 있었다. LNG가 들어서서 바다를 메웠고, 화력발전소가 생겨서 거대한 공장 도시로 변해 있었다. 이전의 정답던 고향이 아니고 삭막한 도시가 되어 있었다. 도시로 변한 고향은 내 마음에 상처를 주었다.

그 옛날의 호산이 너무 그리웠다.

추억의 땅 호산

내 유년의 추억들이 포도열매만큼이나
주렁주렁 열려 있는 곳
내 고향 호산
나는 여기서 꿈을 키웠고
호랑이 규율부장으로 명성을 떨쳤다
친구들아, 다 어디 있느냐
다시 중학교 운동장으로 모여라
더러는 흙으로 돌아갔고
몇 명은 여전히 통화하지만
호산은 여전히 우리의 무대다
"호산아" 하고 부르면
왜 "호산아" 하고 메아리치는가!

해망산

해망산에 올라 동해를 바라본다
푸른 물결이 출렁이는 망망한 대양이여
푸른 꿈이여 나의 갈매기여
우리 한 번 멋지게 살아보자
세상을 위해 의로운 일 해보자
붉은 태양이 솟구치고
내 가슴에서는 붉은 피가 끓는다
소년이여, 그대는 야망을 품어라!

변하지 않는 진리

내 고향 호산은
더 이상 내 꿈의 고향이 아니다
조용한 동쪽의 땅이 아니다
화력발전소의 연기 쉬지 않고 솟아오르며
푸른 하늘, 푸른 바다를 흐리게 한다
어이하여 변했는가
무엇 때문에 이리도 시끄러운가
우리의 구세주 예수 그리스도는
어제나 오늘이나
영원토록 동일하시지 않던가!

친구

이천리에는 친구 김덕균의 집이 있다. 나는 늘 그의 집에 놀러가 마루에서 놀았다. 덕균이는 나와 초등학교 1학년 때부터 함께 4킬로 미터 거리에 있는 호산초등학교에 다녔다. 당시 덕균이네는 우리 집 보다 잘 살았다. 노인이 되어 70년 만에 친구 집 마루에 앉아 있으니 감회가 새롭다.

'덕균이는 잘 지내고 있나?'

덕균이는 지금 서울에서 아들 며느리와 함께 살고 있다. 그러고 보 니 너무 연락을 못하고 살았다. 무엇이 그리 바쁘다고……

덕균이네 시골집에 온 김에 모처럼 덕균이에게 연락을 했다.

"덕균이냐?"

"누구?"

"나다! 흥용이."

"아니, 흥용아 오랜만이네. 니 어떻게 잘 살고 있나? 아들은 잘 지내고? 니 지금 어데 사나? 건강은 괜찮나?"

오랜만에 통화를 하는 덕균이는 한꺼번에 질문들을 쏟아 놓는다.

"응, 그래. 나는 잘 살고 있다. 근데 지금 내가 어디 와 있는지 아나?"

"어딘데?"

"지금 이천리 니 옛날 집에 와 있다."

"뭐라고? 참 나. 거긴 왜 갔는데……."

"그냥……너무 보고 싶어서."

"그래. 우리 집은 그대로 있나, 없나?"

"있다. 그대로 있다."

"정말, 와……나도 한 번 가봐야겠다."

"그래, 언제 같이 한 번 오자."

"그래……죽기 전에 꼭 같이 가자."

"그럼, 덕균아, 서울 가서 한 번 보자."

"그래, 꼭 연락하고 온나."

스쳐 지나간 세월의 흔적이 내 친구 덕균이의 작은 마루에 그대로 머물러 있었다.

저 마루는 그대로인데……. 우리는 바람처럼 스쳐 지나가 버리는구나.

덕균이를 데리고 다시 한 번 와 봐야겠다.

친구여

70년 만에 찾은 자네 집 마루는
그때나 지금이나 변함이 없네
나를 70년 동안이나 기다려 준
자네 집 마루가 고맙기만 하네
호산은 변하여 옛 호산이 아니네만
우리의 맘도 이 마루처럼 변하지 마세나

어머니 모습

"여보, 일어나서 이거 드셔요."

"어! 뭐지?"

"찰밥이에요."

"웬 찰밥이야?"

"당신 요즘 입맛이 없는 것 같아서 당신 좋아하는 찰밥을 했으니 좀 드시고 쉬세요."

내가 요즘 몸이 불편해 입맛이 없다고 하니 아내는 내가 좋아하는 찰밥을 해 주었다. 찰밥을 먹으면서 보니 아내의 모습에 내 어머니의 모습이 오버랩 된다. 갑자기 콧등이 시큰해진다.

내 어릴 적 기억에 아버지는 술과 도박으로 어머니를 많이도 고생시키셨다. 어머니는 아버지의 술과 도박, 온갖 구박을 아무런 대항

없이 모두 받아들이시면서 오로지 자식과 가족의 생계만을 위해 사신 훌륭한 어머니로만 기억된다. 아버지는 산에 가서 나무를 해서 지게에다 지고 호산 시장에 내다 팔아서 쌀 등을 구해 오셨다. 어머니와 누님은 산에 가서 나물을 뜯어와 나물죽을 쑤어 가족들에게 일용할 양식을 공급했고, 가을에는 도토리로 검은 도토리 떡을 만들어주었다.

나는 허기를 달래기 위해 동생들과 함께 산에 올라가서 소나무 껍질을 벗겨 그 안쪽에 있는 흰 송구라는 것을 먹으며 배고픔을 참고 살아온 아득한 기억이 있다. 어머니는 우리를 먹이시고 입히시고 중학교까지 공부시키시기 위해 두부와 떡을 만들어 시장 노점에서 파셨다. 그러므로 5일 장날이 서는 전날이면 우리 가족은 밤새 두부와 떡을 만들어야 했다.

두부를 만들기 위해서는 먼저 콩을 불려 맷돌에 갈아야 한다. 두부 한 판을 만들려면 어머니, 누님, 나 이렇게 셋이서 3시간 이상 맷돌을 돌려야 한다. 두부를 만들고 나면 떡을 만들기 위해 디딜방앗간에 가서 불린 쌀을 3시간 정도 빻아서 가루로 만들어야 한다. 어머니는 방아 밑에서 쌀이 곱게 빻아지도록 쌀을 뒤적이시고, 누님과 나는 디딜방아를 다리가 아프도록 찧었다.

일반 떡을 만든 후에는 찹쌀로 찰떡도 만들어야 한다. 찰떡은 팔이 빠지도록 방망이로 밀어서 만든다. 닭이 울고 동이 트면 모든 작업이 끝난다.

아버지는 힘이 좋으셔서 매일 막노동 일을 하셨다. 내 기억에는 쉼 없이 일을 하셨던 것 같다. 아버지는 초상집 일을 보러 다니셨는데 특히 상여를 메는 일에는 단골로 불려 다니셨다. 항상 맨 앞에서 구슬픈 가락을 뽑으시며, "영차 영차!, 넘쳐 넘쳐!" 하시며 상여꾼들을 이끄셨다. 방과 후에는 아버지가 일을 봐 주시는 상갓집으로 나를 부르셔서 아버지 몫의 떡과 고기 등을 수건에 싸주시며 집에 가서 먹으라고 하셨다. 아버지는 술과 도박으로 어머니 속을 썩이셨지만 자식들을 끔찍이 위하셨다. 우리 아버지와 어머니는 배가 고파도 참으시며 우리를 먹이시고 키워내셨다.

인생의 첫 계명

자녀들아
주 안에서 네 부모를 공경하라
이것이 옳으니라
네 아버지와 어머니를 공경하라
이것은 약속이 있는 첫 계명이니
이로써 네가 잘 되고
땅에서 장수하리라

산

우리 유년의 산은
산나물과 송구와
아버지 지게에 가득 담긴 나무며
보물들이 가득한 곳

친구들과 산에 오르면
산에는 밤하늘의 별들만큼이나
많은 보물들이 있었지

배고픈 시절 다 지나고
다시 산에 오르니
보물들은 그대로인데
내 머리카락만 백발이구나!

장날

5일장 보러 가려고
어머니와 나, 누나는
밤새워 맷돌질을 하고
두부를 만들었지
멥쌀을 빻고 찹쌀을 빻아
떡을 만들었지
닭이 울고 봉창이 밝아야
겨우 끝났던 두부와 떡 만들기
그때는 힘이 들어 하기 싫었는데
이제는 하고 싶어도 할 수 없네
기술자인 어머니가 천국에 계시니
모든 재료 다 있어도
그 두부, 그 떡을 만들 수 없네

배고픔

겪어 보지 않은 사람은 모른다
배고픈 설움
언제 한 번 쌀밥 원대로 먹을까
그 간절한 꿈 아무도 모른다

바람처럼

모든 것은 지나간다

바람처럼

배고픔도 가난도

우리 인생의 슬픔도 기쁨도

시간이 지나면 지나간다

괴로우면 풀잎처럼 잠시 누워라

그리고 일어나라

나는 이 지혜를

우리의 구세주

예수님에게서 배웠다

예수님은 십자가 위에 잠시 누우셨다

수학
여행

　부모님의 공부 열성 덕분에 나는 중학교에 입학할 수 있었다. 입학식 날, 검은 교복에 흰 테 두른 모자를 쓰고 부모님 앞에 섰을 때 기뻐하시던 아버지, 어머니의 모습이 지금도 생생하다.

　모교인 원덕중학교는 2층으로 된 허름한 창고건물을 개조해서 만든 가난한 학교였다. 그래서 졸업반 수학여행을 갈 형편이 안 되었다. 하지만 우리는 졸업반 때 경주 불국사로 수학여행을 갈 수 있었다.

　중학교 동창생인 은순이 아버지 덕분이었다.

　은순이 아버지는 동일회사 대표로 당시 나무 사업을 하는 지방 유지분이셨다.

　"은순아, 정말이야? 정말, 너희 아버지가 우리 수학여행 보내주실 수 있다고 했어?"

　"참말이라니까. 내가 어제 아버지와 교장 선생님이 하시는 이야기를 들었는데 아버지가 다 해 주신다고 했다니까."

"와……정말이지 너희 아버지 대단하시다."

"고맙다, 은순아. 고마워."

우리는 은순이의 말에 너무나 신이 났었다.

평생 호산 지역을 벗어나 보지 못한 우리가 책에서만 본 경주라는 먼 외지에 갈 수 있다는 사실에 모두 흥분했다.

다른 학교가 수학여행을 간다고 했을 때는 그 일이 마치 남의 일처럼 들렸는데 우리도 다른 학교 아이들처럼 수학여행을 갈 수 있다는 말에 너무나 흥분이 되고 행복했었다.

마침내 수학여행 당일, 우리는 동일회사 GMC 트럭을 타고 경주까지 갔다. 당시는 비포장도로였고, 우리가 경주에 도착했을 때는 흙먼지로 인해 얼굴이 엉망이었다. 그러나 즐겁고 신나기만 한 수학여행이었다. 동일회사는 가난했던 시절에 우리 고향을 먹여 살렸고, 지역 발전에 크게 기여한 회사였다.

지금은 은순이의 아버지, 어머니, 오빠 모두 세상을 떠나셨지만 은순이는 좋은 남편을 만나 행복하게 살고 있다. 얼마전부터는 은순이도 남편도 건강이 다소 좋지 않다고 들었다. 처음으로 다른 세상을 보여 준 고마운 은순이 가정이 부디 건강하고 행복하게 잘 살아가길 간절히 기도한다.

규율부장

'규율부장 김홍용' 말만 들으면
학생들이 벌벌 떨었다
명찰 똑바로 달고
모자 똑바로 쓰고
지각하지 말라고 했는데
나로 인하여 왜 모두 벌벌 떨었는지
지금도 알지 못한다

트럭 여행의 낭만

호산에서 경주까지
선생님과 우리는
트럭을 타고 달렸다

포장이 안 된 도로여서
흙먼지가 앞을 가렸지만
우리는 즐겁기만 했다

먼지로 분을 바르면
사람을 알아볼 수 없다

지금 돌아보면
이것이 진짜
낭만 있는 여행이었다

좋은 사람

이 세상에는
나무와 풀의 종류만큼이나
많은 사람들이 살고 있다

나는 어려서부터
좋은 사람이 되고 싶었다
부모님들처럼
선생님들처럼
은순이 아버지처럼
예수님처럼
좋은 사람이 되고 싶었다

누가 좋은 사람인가
다른 사람에게
작은 기쁨이라도 주는 사람이다

떠난
친구들

학교를 졸업한 후, 젊은 시절에 나는 몇 번이나 생과 사의 갈림길을 넘나드는 수술을 하게 되었다.

생과 사를 결정하는 수술을 할 때마다 나의 친한 친구들은 노심초사하며 병문안을 왔다.

"야야, 흥용아. 어째 괜찮나? 빨리 회복해야 한다."

"아들 둘 장가 보낼 때까지는 어떻게든 버텨야 한다."

"요즘 의술이 좋아서 살 거야……닌 꼭 살 거다."

나의 손을 꼭 잡으며 눈물을 흘려주었던 친구들. 그런데 그들이 이제 내 앞에서 하나 둘 세상을 떠나고 있다.

오늘은 갑자기 먼저 간 친구들이 너무나 그리웠다. 펜을 꺼내 하얀 도화지에 친구들의 이름을 적어 보았다.

안희원, 정창대, 김두해, 김기동, 최정웅, 김원달, 홍순삼, 홍성

주……갑자기 이름을 적지 못하겠다. 내 두 눈에 눈물이 고인다. 너무나 보고 싶고 그립다.

나는 한 번도 저 친구들보다 내가 더 오래 살아서 그 친구들 이름을 적어 본다는 생각을 해본 적이 없었다.

오히려 나는 늘 죽음을 준비하면서 살았는데 정작 죽지 않고 지금 먼저 간 친구들의 명복을 빌어 주고 있다.

'먼저 된 자가 나중 되고 나중 된 자가 먼저 된다.'고 하지 않던가.

나는 늘 건강하지 못해서 나에게 주어진 그 작은 건강을 지키려 노력하며 살았다. 겸손하게 살았다. 감사하며 살았다.

그래서인지 그 겸손과 감사와 소중한 것을 지키려 한 나의 노력이 지금의 나를 있게 한 것 같다.

나 같은 인간을 지금까지 살려주신 하나님께 그저 감사할 뿐이다. 부디 남은 친구들이 건강하고 후회 없는 삶을 살아주길 바란다. 그리고 내가 믿고 의지하는 하나님을 만나 보라고 간절히 부탁하고 기도한다.

가시의 축복

내게 있는 내 인생의 가시를
너무 고통스러워하지 마세요
떼어내어 버리려고도 하지 마세요
가시는 나를 낮추시고
온전하게 하시려는
하나님의 축복이니까요
저는 병으로 평생을 고생하고 있지만
이 병 때문에 지금도 기도합니다
무릎 꿇고 어린 아이처럼
하나님 내 아버지를 부릅니다
그러면 하나님은 제게 은혜를 주시고
지혜도 주시고
먹을 것과 입을 것도 주십니다
평안한 마음도 주십니다
감사드릴 뿐입니다!

강한 사람

참으로 강한 사람은
자신의 약함을 아는 사람입니다
너무 약하여
작은 바람에도 휘어지는 풀잎입니다

건강

건강은
예수님 만난 것 다음으로
귀중한 것입니다
말로만
건강할 때 지킨다 하지 말고
지금 건강을 챙기세요
병이 들어 몸이 아프면
그땐 이미
늦은 것입니다

CHAPTER 2

역전의 하나님

막장
광부

  학교를 졸업한 후, 친구들이 하나 둘 고향을 떠났다. 나도 며칠을
고민하다가 서울로 올라가기로 마음을 먹었다. 어차피 낯선 곳을 갈
바에는 차라리 큰 도시가 낫지 않을까 하는 막연한 생각 때문이었다.

  그런데 막상 마음은 정했지만 서울 가서 취직하려면 변변한 옷 한
벌은 있어야 한다는 생각이 들었다.

  그래서 일단 서울 가기 전에 조금이라도 돈을 모아야겠다고 생각
하고, 태백에서 광부로 일하고 있는 매형을 찾아갔다.

  나는 나이가 어려서 정식 광부로는 일할 수 없었으나 책임자였던
매형의 도움으로 광산에서 쉬운 일부터 할 수 있게 되었다.

  당시 강원광업소 같은 규모가 큰 광산은 월급도 많고 시설도 좋아
일할 만한 직장이었다. 하지만 내가 일한 광산은 규모가 작고 개인이
운영하는 광산이었다. 그래서 급여도 적었고, 더욱이 시설도 좋지 않
아 연일 갱도가 무너져 사망 사고가 자주 발생했다.

탄을 캐기 위해서는 기계로 굴 막장에 구멍을 뚫고 거기에 폭약을 장착하여 터뜨려야 했다. 폭약이 터질 때는 엄청난 폭발음과 함께 가끔 굴이 무너지는 일도 발생한다. 나는 몇 차례 위험을 경험하면서 무서운 마음이 들었다. 하지만 나의 꿈이 서울로 올라가는 것이었기에 당장 무섭다고 그 꿈을 포기할 수가 없었다. 더 큰 꿈이 있으니 지금의 무서움과 어려움을 이겨낼 힘이 적으나마 생긴 것이다. 나는 아침마다 거울을 보면서 스스로에게 이야기하기 시작했다.

'넌 할 수 있어. 넌 절대 죽지 않을 거야. 넌 반드시 서울에서 잘 살 거야.'

당시 나에게는 막장의 무서움보다 가난의 무서움이 더 컸던 것 같다. 가난에서 벗어나고 싶어서 그렇게 몸부림을 쳤다.

그렇게 광부의 생활이 몸에 조금씩 익어갈 무렵, 나는 어느 정도의 돈을 손에 쥘 수 있었다. 나는 그동안 나에게 일자리를 만들어주고 보살펴 준 매형을 찾아갔다.

"매형, 나 이제 이 일 그만두고 서울 가려고요."

"뭐? 진짜 가려고?"

매형은 내가 늘 하던 이야기를 농담으로 들었던 것 같았다. 하지만 매형도 막장 일이 얼마나 고되고 위험한 것인 줄 알기에 선뜻 남으라고 권하지 못했다.

"그래라. 하지만 서울에는 아무도 없는데……괜찮겠냐?"

"걱정하지 마세요. 아직 젊은데……막장에서도 버텼는데 서울 생활쯤이야. 염려하지 마세요."

"하하하, 맞다 맞아. 우리가 막장에서도 살았는데 그까짓 서울쯤이 야. 그래, 잘 살고 자리 잡으면 연락해라."

"예, 매형 호산에 있는 누님께 안부 전해 주세요."

그 다음날 밤, 나는 무작정 서울행 기차를 타고 꿈에 그리던 서울로 왔다. 기차로 10시간 이상을 달려 새벽에 서울 청량리역에 도착했는데 처음 보는 서울은 신기하기만 했다. 마치 외국에 온 느낌이 들 정도로 서울은 화려하고 너무나 컸다.

나는 취직하기 위해 곧바로 고향에서 소개해 준 지인들을 찾아다녔다.

"안녕하세요."

"누구니?"

"호산의 민석이 형님이 소개해서 왔습니다."

"아 그래? 그런데 무슨 일로?"

"제가 호산에서 이제 막 왔는데 아무 일이라도 좋으니 일자리 하나만 주세요. 전 뭐든지 할 자신 있습니다. 그냥 밥만 먹여줘도 좋으니 일만 시켜 주세요."

다짜고짜 나는 일자리를 달라고 매달렸다.

"허참……여긴 네가 할 일이 없는데……."

당시 시골 촌놈이 일자리를 얻는다는 것은 하늘에서 별을 따는 것보다 어려운 시절이었다. 기술도 뭐도 없는 나를 사람들은 냉정하게 대했다. 정말 돌아다니며 구걸하듯이 일자리를 찾아다녔다. 그러나 결과는 매번 마찬가지였다.

숙식만 해결된다면 무슨 일이라도 하겠는데…….

정말이지 아무 기술도 없는 시골 촌놈을 받아주는 곳은 한군데도
없었다.

그렇게 몇 달 동안 나는 일자리를 찾아 서울 천지사방을 헤매고 다
녔다.

추운 계절이 돌아올 때쯤 나는 탄광에서 번 돈이 다 떨어졌다. 내
주머니에는 옥수수 빵 하나 사먹을 돈도 남아 있지 않았다.

이틀을 굶었다. 배고픔도 배고픔이지만 당장 추위를 견딜 수가 없
었다. 이러다 정말 죽을 것 같았다.

이 넓은 서울에 도움을 청할 사람 하나 없다는 사실이 너무 슬펐
다. 갈 곳도 받아주는 곳도 없는 나는 무작정 사람들이 가장 많을 것
같은 서울역으로 갔다.

서울역 광장은 사람들로 북적거렸다.

리어카로 물건을 나르는 사람도 보이고, 아이 손을 잡고 어디론가
떠나는 사람도 보인다. 모두가 행복해 보였다.

그들 중에 유독 눈에 띄는 사람들의 무리가 있었다. 구걸을 하는
걸인들이다. 깡통을 들고 엎드려 구걸을 하는데 제법 사람들이 오고
가며 동전을 넣어 준다.

나는 너무 배가 고파서 구걸이라도 하고 싶었다. 그런데 차마 구걸
을 할 자신이 없었다.

이곳도 내가 있을 곳이 아닌 것 같았다. 밤이 되자 추워서 한기가 들었다. 사람들이 하나 둘 사라지고, 걸인들도 저마다 자리를 잡기 위해 움직인다.

'어떻게 하지……나는 어디로 가야 하나?'

그렇게 안절부절 하고 있을 때 내 눈에 저 멀리 십자가가 보였다. 그 십자가는 남대문교회 십자가였다.

나는 일단 추위를 피하기 위해 그 교회로 찾아 들어갔다. 교회 문을 열려고 하니 문이 잠겨 있었다.

다시 돌아갈까 하다가 굶은 상태로 다시 한뎃잠을 자다가는 얼어 죽을 것 같았다. 그래서 들어갈 통로를 찾아보았는데 다행히 창문 한 쪽이 열려 있었다. 나는 창문을 열고 몰래 교회 본당으로 들어갔다. 그리고 나무 의자에 누웠다. 몸과 마음이 한순간에 녹아내리는 것 같았다.

'교회가 이렇게 편안한 곳이었나?'

어머니 생각이 났다. 싫다는 나를 교회로 끌고 가시던 어머니의 손길이 그립다. 어머니 생각을 하니 갑자기 서러움이 북받쳐 오르며 눈물이 난다. 나는 의자에서 일어나 눈물을 흘리며 내 평생 처음으로 간절하게 기도하기 시작했다.

"하나님, 도와주세요. 여기서 포기하고 돌아갈 수 없어요. 저에게 직장을 주세요. 제발 살려주세요."

그렇게 하나님께 간절히 기도를 드렸다.

그 밤 그 장소는 내가 하나님께 매달려 기도했던 야곱의 얍복강 같은 곳이었다는 것을 먼 훗날에 알게 되었다.

다음날, 사람들이 오기 전에 교회를 빠져 나와 다시 서울역으로 갔다. 나와 전혀 상관없는 수많은 사람들이 바삐 오가는 곳이지만 왠지 이곳은 나를 반겨주는 것만 같았다.

서울역은 모두에게 그런 곳인 것 같다.

방황과 절망

인생길에는 방황과 절망의 길도 있다

어디로 갈까?

어느 길이 나의 길일까?

아무리 생각해도 답이 나오지 않는

끝없는 광야만 보일 때가 있다

인간은 모두 다 이런 길을 걸을 때가 있다

나이가 어릴수록

지혜가 없을수록

망망한 대해만 보인다

그러나 절망하지 마라

방황하지도 마라

수고하고 무거운 짐 진 자들아

내게로 오라 하신 예수님 말씀 붙들면

쉴 만한 물가로 가게 되리라

연탄 한 장

연탄 한 장의 소중함을 알려면
깊은 굴 막장에 들어가
폭탄이 터지는 광경을 보아야 한다
땅속에서 땅이 무너지고
때로는 사람도 묻히고 마는
검고 두려운 현장을
경험해야 한다

청운의 꿈

꿈은 모험을 요구한다
본 적 없는 서울을 향해
나는 기차에 몸을 실었다
아브라함이 본토 친척 아비 집을 떠나
하나님이 인도하시는 땅을 향해 가는 것처럼
설렘과 두려움이 교차한다
푸른 꿈은 이루어지리라
정녕 이루어지리라

걸인

서울역에는 걸인들도 많았다. 당시 걸인들은 대부분 깡통을 하나씩 가지고 있었는데 깡통 안에는 돌아다니며 얻은 밥이 들어 있었다. 걸인들은 식사 때가 되면 깡통 안에 든 밥을 먹고, 식사 후에는 빈 깡통을 앞에 놓고 행인들에게 돈을 구걸했다.

어느 날, 걸인들이 밥 먹는 것을 멍하니 바라보고 있는데 마음씨 좋은 걸인 한 명이 "밥 좀 줄까?" 하고 물어왔다. 내가 며칠 동안 그곳에서 배회를 하니 어느덧 낯이 익은 것이다. 나는 너무 배가 고파 염치를 무릅쓰고 "예!"라고 작은 소리로 대답을 했다. 그러자 걸인은 자신도 많이 굶어봤다며 깡통에서 밥을 몇 숟가락 퍼서 뚜껑에 덜더니 내 앞에 놓아 주었다. 나는 순식간에 그 밥을 먹어치웠다. 저녁이 되자 착한 걸인은 잘 곳이 없으면 함께 가자고 했다. 그래서 따라간 곳이 남산 야외 음악당이었다.

그곳은 걸인들의 아지트였다. 나는 착한 걸인과 조금 떨어진 장의

자 위에서 걸인이 던져준 낡은 천을 이불 삼아 잠을 청했다. 그래도 서울 올라와서 처음으로 누군가에게 받아 보는 호의였기에 함께해 준 걸인이 고마웠다.

누워서 하늘을 보니 내 처지와 달리, 하늘의 별은 반짝반짝 아름답게 빛나고 있었다.

새벽이 되자 걸인들은 하나 둘 깡통을 들고 각자 정한 곳을 향해 구걸을 하러 갔다.

나도 며칠 동안 착한 걸인을 따라다니며 대문 앞에서 "밥 좀 주세요, 밥 좀 보태 주세요!" 하면서 구걸을 했다. 착한 집주인들은 때론 밥과 함께 김치도 주었다. 얼마 후, 나도 빈 깡통을 하나 얻어서 그들과 함께 다니는 걸인이 되었다. 걸인 생활로 들어선 것이다.

추운 겨울이 찾아왔다. 추운 겨울날, 거지에게는 따뜻한 굴뚝이 가장 좋은 피신처였다. 굴뚝에 손을 녹이며 몸을 기대면 그나마 언 손과 마음이 조금은 훈훈해진다. 굴뚝을 안고 밤하늘을 보면서 고향에 있는 동생과 어머니를 생각했다.

어머니가 끓여 주시는 채소 국이 먹고 싶었다. 생일이면 만들어주시던 찰밥도 먹고 싶고, 아버지가 좋아하셔서 밥상에 자주 오르던 이면수(임연수어) 머리도 먹고 싶었다. 모든 것이 그립다.

이렇게 살 수는 없었다. 차라리 고향에 돌아가 다시 탄광일이라도 하는 게 나을 것 같았다. 이러다가는 평생 거지로 살 수밖에 없을 것 같았다.

그래서 나는 다음날부터 다시 직장을 알아보기로 마음먹고, 그동안 구걸해서 모아둔 돈을 가지고 일단 목욕과 이발을 하려고 목욕탕으로 갔다.

그런데 목욕탕에 들어가려 하니 주인이 난리였다.

"아니, 여기가 어디라고 거지새끼가 아침부터 찾아와서 지랄이야. 빨리 안 나가!"

목욕탕 주인이 나의 멱살을 잡더니 나를 목욕탕 밖으로 패대기를 쳤다.

나는 억울했다.

"아니, 여기 아니면 갈 데가 없는 줄 알아요. 내 더러워서!"

그리고 다른 목욕탕을 찾아갔다. 그런데 그곳도 마찬가지였다. 모든 목욕탕이 거지 모습을 하고 있는 나를 받아주지 않았다.

냄새는 고사하고 멀리서 몰골만 봐도 거지 모습이니 매표소에서부터 붙잡히는 것이다.

매표소만 넘어가면 되는데…….

빨리 지나가면 매표소 작은 구멍으로 냄새까지는 못 맡으니 당장 내 거지 모습만 잘 가리면 될 것 같았다.

그래서 나는 최대한 물로 머리를 적셔서 단정하게 하고, 만일을 위해 깨끗하게 보관해 두었던 옷으로 갈아입었다. 그리고 다시 다른 목욕탕을 찾아갔다.

목욕탕에 들어서니 작은 구멍으로 인사하는 소리가 들린다.

"어서 오세요!"

"한 명이요."

"예." 하고 주인이 무심하게 열쇠를 건네준다.

성공이다.

나는 급하게 남탕 문을 열고 안으로 들어갔다. 그리고 열쇠에 적힌 번호의 사물함으로 가서 급하게 옷을 벗어 넣고, 바로 목욕탕 안으로 들어갔다.

나는 누군가 거지인 나를 알아보기 전에 탕 안에 들어가면 완전 범죄가 될 수 있다고 판단하여 샤워도 하지 않고 바로 탕으로 들어간 것이다.

그런데 샤워도 하지 않고 들어가니 내게 배어 있던 거지 냄새가 탕 안의 물에 스며들었다.

점점 냄새가 심하게 올라오더니 마침내 함께 탕 안에 있던 사람들이 일제히 나를 쳐다보고는 내 거지 모습에 기겁을 하면서 뛰쳐나갔다.

갑자기 목욕탕이 아수라장이 되었다.

이 모든 소동이 나로 인해 생긴 것을 알기에 내가 어쩔 줄 몰라 하고 있는데 갑자기 주인 아저씨인 듯한 사람이 몽둥이를 들고 들어왔다.

"아니, 이 거지새끼가 어디 남의 장사를 망치려고. 너 안 나와. 이런 쥐방울만한 새끼가 죽으려고……나와 인마." 하면서 나를 탕에서 끌어냈다.

나는 닦지도 못하고 대충 속옷만 입고 다른 옷들은 손에 든 채 목욕탕에서 쫓겨나야만 했다.

목욕탕 밖에서 옷을 입고 있으려니 너무 수치스러웠다. 지나가는 사람들이 다 나만 보는 것 같았다. 속옷을 입었음에도 마치 아무것도 걸치지 않은 그런 수치스러움에 참았던 눈물이 속절없이 흘러 내렸다.

주인 아저씨는 나를 향해 소금을 뿌리며 "다시는 오지 마!"라고 소리를 쳤다.

얼마 후에 알게 된 이야기지만 목욕탕 업계에 떠도는 속설에 따르면 걸인들을 받는 목욕탕은 망한다고 한다. 옷장에 넣은 고약한 걸인 옷 냄새 때문에 그 옷장은 몇 개월 동안 사용할 수 없는데다 걸인이 목욕한 목욕탕에는 사람들이 목욕하러 가지 않기 때문에 결국 목욕탕이 문을 닫을 수밖에 없다는 것이다. 당시 걸인들은 이런 이유 때문에 목욕을 할 수 없었고, 받아주는 이발소가 없어서 이발도 할 수 없었다.

나는 짧지만 걸인 생활을 통해 인생의 이면에 존재하는 많은 것들을 알게 되었다. 그리고 이 경험을 통해 훗날 걸인들을 위해 무료 목욕탕 운영, 이발 및 급식 봉사 사역을 펼치게 되었다.

삶

인간은 살기 위해
단 한 번도
꿈꾸지 않았던 일들도 하게 된다

나는 걸인들을 여러 번 보았지만
내가 걸인이 되어
깡통을 들고
남의 집 대문을 두드릴 줄은 정말 몰랐다

걸인의 아픔을 알고
걸인들을 위해 일하자
하나님은 나에게 복을 주셨다

겸손하게 살자

모든 사람들을 나보다 낫게 여기며
남은 인생을 살자
사람의 내일 일은 모르는 일
나도 걸인이 될 수 있고
황제도 될 수 있다

밤의
노래

　추워서 굴뚝을 잡고 밤을 샐 때 어디선가 처량하게 애처로운 노래 같은 소리가 들려왔다.

　"찹쌀떡~ 메밀묵!"

　그 소리가 따뜻하게 들린다. 찹쌀은 이어서 하고, 떡은 길게 늘여서 한다. 그리고 메밀묵은 마치 후렴구처럼 빠르게 읊조린다.

　"찹쌀떡~ 메밀묵!" 소리는 마치 어린 시절 고향에서 어른들이 흥이 나면 부르던 창을 듣는 것 같다.

　큰 나무통에 찹쌀떡과 메밀묵을 가지고 다니며 파는 사람들이 궁금해졌다. 일거리를 못 찾고 있던 나는 '혹시 나도 그 일을 할 수 있을까?' 하는 생각이 든 것이다.

　어느 날, 나는 찹쌀떡과 메밀묵을 파는 형 같은 사람과 대화를 할 기회가 생겼다.

　이 형은 밤에 찹쌀떡과 메밀묵을 팔아 가족의 생계비와 동생의 학

비까지 책임지고 있었다.

나는 이 성실한 형과 가까워졌다. 나는 형에게 나도 형처럼 찹쌀떡과 메밀묵을 팔아보고 싶다고 말했다. 그러자 형은, 지금 걸인 신세인 내 형편으로는 찹쌀떡 집에서 떡을 받을 수 없으니 자기가 대신 많이 받아서 일부를 줄 터이니 경험 삼아서 시작해 보라고 했다. 그래서 나는 이 형의 도움으로 찹쌀떡과 메밀묵을 팔 수 있게 되었다.

그런데 내가 의외로 많이 팔자 형과 나는 더욱 긴밀한 협력자가 되었다. 나는 찹쌀떡, 메밀묵 통을 메고 주택, 상가, 술집 주변을 밤늦도록 소리 지르며 누볐다. 하나라도 더 팔기 위해 최선을 다해 일했다. 나는 지금도 나를 믿어준 그 성실하고 고마운 형을 잊을 수 없다.

애잔한 밤의 노래

찹쌀떡~ 메밀묵~
굴뚝에 몸을 녹이던 추운 겨울
내게 들려왔던 밤의 애잔한 노래였다
우리가 먹는 찹쌀떡과 메밀묵 소리가
그 추운 겨울밤에 나의 가슴을 엤다
알고 보니 거기에는
살려고 하는 인간의 몸부림이 있었다

해보자

나를 살리는 일이라면
다른 사람에게 유익을 주는 일이라면
불가능해 보이는 일이라도
한 번 해볼 필요가 있다
한 번 시도해 보라
그러면 할 수 있다
한 번 해보면
그 다음엔 길이 보인다

행복의
시작

지인의 소개로 이용원 시다로 일을 하게 되었다. 이용사가 돈을 많이 버는 것 같아 도전했으나 현실적으로 고용인이 아닌 시다로는 벌이에 한계가 있었다. 그래서 다시 일자리를 알아보던 중 털실 공장에 취업을 하게 되었는데 그곳에서 나는 지금의 아내를 만나게 되었다. 내 인생에서 가장 장한 일을 해낸 것이다.

나는 홀로 있을 때보다 더 열심히 살게 되었다. 그래서 겨울이면 낮에는 털실 공장에서 일하고, 밤에는 찹쌀떡과 메밀묵 장사를 이어 가면서 내 미래를 꿈꾸었다.

하지만 그때는 통금이 있던 시절이었다. 밤 12시가 되면 길거리를 다닐 수가 없었다. 방범대원들은 통금 단속을 했고, 그 때문에 찹쌀떡과 메밀묵을 제대로 팔 수가 없었다.

자유롭게 팔기 위해서는 방범대원들에게 야식으로 찹쌀떡과 메밀묵을 나누어 주어야만 했다. 그만큼 그 시절은 우리 모두가 가난한 시절이었다.

"어이, 찹쌀! 오늘은 많이 팔았냐?"

"아니요. 날씨가 풀려서 그런지 찾는 손님이 없네요."

은근 슬쩍 찹쌀떡 하나를 쥐어주니 방범대원 아저씨가 빙긋 웃으며 걱정을 해 준다.

"그래……걱정이네. 그나저나 이건 한철 장사고 다른 때는 무슨 일을 하나?"

"그냥 이것저것……. 미싱 시다도 하고 일용직 일도 하는데 안정적이지 않아서 걱정이에요."

"그렇구나. 이 메밀묵도 좀 줘 봐."

방범대원 아저씨는 메밀묵을 한 입 가득 넣고서 지나가는 말처럼 한 마디 했다.

"야! 너도 밤 체질 같은데 아예 우리처럼 방범대원이나 해봐라!"

"네?"

나는 한 번도 그 생각을 해보지 못했었다.

시골 촌놈인 나도 가능한가?

나는 곧바로 안면이 있는 방범대원에게 어떻게 해야 방범대원이 될 수 있는지 물어보았다. 그의 말을 듣고 나는 서대문 경찰서 서장에게 편지를 띄웠다. 당시 내 거주지가 서대문구 성산동이라 서대문 경찰서 관할에 있었기 때문이다.

내용은 뵙고 말씀드릴 것이 있으니 꼭 좀 만나 달라는 일종의 면회 신청이었다. 나는 평소 글쓰기를 좋아했고, 소질도 있는 편이어서 내

나름대로 오랜 시간 정성껏 써서 발송했다.

며칠 후, 성산 파출소의 경찰관이 나를 찾아왔다. 다음날 오전 10시까지 파출소로 와서 함께 경찰서로 동행하자고 했다. 찾아온 경찰관은 이유는 모르지만 내가 무슨 죄를 지었을 거라고 생각하고 온 것 같았다. 그러나 나는 그 이유를 짐작할 수 있기에 당당하게 그러겠다고 했다.

나는 이튿날 아침 경찰관과 함께 서대문 경찰서장실로 갔다. 경찰서장은 편지를 잘 받아 보았다며 면담 사유를 물었다. 나는 그에게 침착하게 사유를 말한 후, 내가 방범대원이 될 수 있도록 도와달라고 간절히 호소했다. 내 이야기를 자세히 들은 후, 서장은 어디론가 전화를 걸어 좋은 청년이 있다며 방범대원 자리를 부탁했다. 나는 경찰서에서 나와 서장이 알려준 대로 성산 파출소 소장을 찾아갔다. 소장은 나를 보더니 서장님께 전해 들었다면서 저녁에 와보라고 했다. 그래서 그날 저녁에 파출소로 가니 소장은 방범대장에게 지시해 두었으니 그의 지시에 따르라고 한다.

방범대장은 대원들을 모아 놓고 근무 지시를 한 후, 나에게는 아직 위원장 지시가 없으므로 내일 저녁에 다시 오라고 했다. 나는 내일이면 근무할 수 있겠지 생각하고 동대문 시장에 가서 워커도 사고 방망이 찰 혁대도 준비했다. 다음날 저녁에 파출소로 갔으나 '내일, 내일' 하면서 며칠이 그냥 지나가버렸다. 나는 방범 근무를 위해 출근한다며 아내에게 저녁까지 잘 얻어먹고 집을 나왔는데 근무는 하지 못한 채 다시 집으로 돌아가는 신세가 되었다. 그래서 그냥 집으로 돌아갈 수도 없고 해서 며칠 동안 파출소 옆 놀이터에서 밤을 샌 후, 근무한

척하며 새벽에 슬며시 집으로 들어갔다.

속도 모르는 아내는 야간 근무로 고생한 내가 잠을 잘 수 있도록 내가 들어가면 소리도 내지 않는다. 그렇게 답답하고 초조하게 며칠이 지나갔다.

여느 때처럼 그날도 놀이터에서 밤을 새야 하나 하며 혹시 하는 마음으로 파출소로 들어갔다.

"김흥용 씨, 왜 이렇게 늦게 다녀?"

방범대장이 크게 나무란다.

"네……저……아직."

"오늘부터 김흥용 씨는 2조와 함께 지역을 돌아. 그리고 뭔 일 있으면 선배들에게 물어보고. 알았습니까?"

나는 순간 너무 기뻐 크게 "예!"라고 소리를 질렀다.

드디어 나도 정식으로 방범대원이 된 것이다.

나는 너무 좋아 더 크게 소리 지르고 싶었지만 보는 눈이 많아서 그럴 수 없었다. 하지만 싱글벙글하며 미친 사람처럼 "열심히 하겠습니다. 열심히 하겠습니다." 하고 연신 다른 방범대원들에게 인사를 건넸다. 다시는 내 인생에서 그렇게 행복하고 기쁜 날은 없을 것 같은 느낌이 들었다.

너무 너무 행복했다.

그 후 나는 방범대원이 되어 밤손님들을 단속하면서 동시에 내가 가장 어려울 때 나를 도와 준 찹쌀떡, 메밀묵 장사들을 도와주었다.

통금 시간 이후에도 그들이 찹쌀떡과 메밀묵을 마음껏 팔 수 있도록 그들의 보호자가 되어 주었다.

변화와 열매

사람들은 변화를 두려워한다
지금보다 더 나빠지는 운명을 두려워하며
지금 여기에 안주하기를 원한다

하나님이 창조하신 모든 생명체는
변화함으로써 성장하고 열매를 맺는다
한 송이의 꽃을 보라

땅속의 씨는 푸른 새싹으로 변한다
푸른 싹은 자라며 줄기를 만들고
계속 변화하여
마침내 꽃들을 피워낸다
세상에 그 미소와 향기를 준다

한 통의 편지

가끔 내가 쓴 한 통의 편지를 생각합니다
간절한 마음으로 썼던 편지는 언제나
강남 갔던 제비가 박씨를 물고 온 것처럼
내게 희망을 주었던 것을 생각합니다

.

친구

그가 지금 어디서 사는지
무엇을 하는지 모르지만
그는 여전히 나의 친구입니다
내 기억 속에 남아 있고
내 인생의 시간들 속에 고스란히 남아 있습니다
아마 이 세상을 떠나는 그날까지
내 마음속에 있을 것입니다

미션
임파서블

방범대원은 추석이나 명절 때는 은행으로 방범 근무 보조를 나가게 된다. 은행에서 방범 근무를 하면서 나는 놀라운 일을 알게 되었다. 은행원의 자녀는 중·고등·대학교까지 장학금이 지원되며, 본인이 병원에 입원하면 병원비의 80퍼센트를 지원받을 수 있다는 것이었다. 당시 건강에 문제가 많은 나였기에 내가 보기에 은행은 천국 같은 직장이었다. 더군다나 추위와 더위를 모르는 환경에서 돈을 취급하는 은행원이 너무 부러웠다. 나는 은행원이 되고 싶었다.

나는 어떤 은행을 택할까 고민 끝에 이왕이면 은행 중의 은행인 한국은행을 목표로 삼았다. 그리고 밤에 방범 근무를 나가서 순찰을 돌다 12시가 되면 교회에 들어가 기도하기 시작했다. 방범대원들은 대부분 12시가 넘으면 초소에서 쉬지만 나는 시간을 정해 놓고 순찰하면서 근처 교회에 들어가 기도를 했다. 시간을 쪼개 하는 기도였지만 나는 어떤 기도보다 절실하고 간절하게 기도했다. 한국은행에 들어

가야만 내 아들들에게 가난을 물려주지 않을 것 같았다. 내 아내가 더이상 털실 공장을 다니지 않을 수 있을 것 같았다.

"하나님, 저에게 기회를 허락해 주세요. 어떻게 가야 할지는 모르지만 전 꼭 한국은행에 들어가고 싶습니다."

그렇게 시간을 내서 간절히 기도를 드렸다.

그리고 나는 기도하면 행동한다.

나는 이미 경찰서장의 도움을 받아 방범대원으로 취업한 경험이 있기 때문에 이번에도 같은 방법을 쓰기로 하고 한국은행 총재에게 편지를 발송했다. 내용은 만나 뵙고 싶으니 꼭 뵙게 해 달라는 것이었다. 그러나 편지를 발송한 지 일주일이 지나도 소식이 없었다. 나는 한국은행으로 전화를 했다. 교환까지 통화는 되나 그 이상은 연결이 되지 않았다. 나는 매일 두세 번 이상 은행에 전화를 했다.

아내는 그만하라고 말렸으나 나는 계속 기도하면서 더욱 믿고 노력했다. 하지만 계속 소식이 없자 방법을 바꾸기로 했다. 총재 댁을 방문하여 사모님을 만나기로 결심하고 총재 댁을 방문한 것이다. 빈손으로 갈 수 없어서 귤 15개를 사서 들고 갔다. 총재 댁이야 귤 15개가 별 것 아니겠지만 당시 귤은 비쌌고 나 같은 사람은 먹을 수도 없는 귀한 과일이었다.

나는 방범 복장을 한 채로 갔다. 방범복에 방범 모자, 구두까지 신고, 방망이를 찬 채 당당하게 총재 댁 초인종을 눌렀다.

집안에서 한 남자가 나오기에 총재 사모님을 뵈러 왔다고 말했다.

그 남자는 방범 복장을 한 방범대원이 사모님을 뵙겠다고 하니 무슨 문제가 생긴 줄 알고 급히 알렸고 곧 사모님이 나오셨다.

내 생각은 적중했다. 나는 사모님을 따라 집안으로 들어간 후, 총재님 뵈올 일이 있어 편지를 발송하고 수차례 전화도 했으나 연락이 닿지 않아 부득불 찾아뵙게 되었다고 말씀드렸다. 사모님은 당황한 듯 총재께 말씀드리겠다고 했다. 나는 성공을 확신한 후, 집으로 돌아왔다.

이튿날 방범 근무를 마치고 돌아와 집에서 자고 있는데 아내가 깨웠다. 일어나 보니 양복 입은 청년이 찾아와서 한국은행에서 왔다며 비서실장님께 함께 갈 수 있냐고 물었다. 양복 입은 직원은 무슨 일인가 했겠지만 나는 기쁨 충만으로 그를 따라가 한국은행 비서실장 앞에 섰다. 비서실장은 총재님을 만나고 싶어 하는 이유가 무엇인지 물었다.

나는 총재께 직접 말씀드리고 싶다고 했으나 그럴 수는 없다고 했다. 생각 끝에 비서실장에게라도 말을 해야지 그냥 이렇게 은행 문을 나가면 다시는 이런 기회가 없을 것 같아서 자초지종을 설명했다. 나는 경비든 청소부든 무슨 일이라도 좋으니 한국은행에서 일할 수 있게 해 달라고 애원했다.

나의 진심을 전해 들은 비서실장은 은행 취업 조건에 대해 자세히 설명한 후, 취업은 불가능하며, 혹시 담보물이 있다면 시중은행에 협조를 구해서 융자는 받게 해 주겠다고 제안했다. 나 역시 이해가 안 되는 바는 아니었지만 그동안 기도하면서 노력한 것을 그냥 포기할 수 없어서 버틸 수 있는 데까지 버티며 애원했다. 내 목소리도 실장 목소리도 점차 높아졌다. 마침내 청원 경찰이 달려와서 나를 끌어내려고 했다. 나는 이때다 싶어 막무가내로 총재님을 뵙게 해 달라고 발버둥을 쳤다.

마침 총재께서 퇴근 중에 이 광경을 목격하시고 비서실장을 불러 상황을 물으셨다. 총재님은 나에게 내일 의논해서 연락을 줄 터이니 그만 돌아가라고 친절하게 말씀하셨다.

나중에 안 사실이지만 총재께서는 사모님께 사연을 전해 듣고 내 이야기를 알고 계신 상태였다. 비서실장에게도 사정이 딱하고, 나쁜 사람 같아 보이지 않으니 할 수 있는 일이 있는지 부서장들과 의논해 보라고 지시를 내린 상태였다고 한다.

참으로 고마운 총재님이고, 고마운 비서실장님이셨다. 당시 총재님은 영락교회 장로님이고, 비서실장님도 모 교회 장로님이셨다. 물론, 내가 보낸 편지에 간절히 기도한다는 내용이 있었기에 내가 믿음이 있는 청년임을 아셨겠지만 꼭 교인이라고 해서 그런 지시를 하신 것은 아니었을 것이다.

지금 돌이켜 보면 참 말도 안 되는 일을 해낸 것이다. 결국, 나는 한국은행에 일용직으로 들어가게 되었다.

그 당시 내가 맡은 일은 보리차를 지게에 지고 가 은행원들이 출근하기 전에 각 사무실 주전자에 보리차 물을 채워주는 일이었다. 나는 다른 직원들이 마음껏 물을 마실 수 있도록 밤 12시에 출근해서 보리차 지게에 보리차 물을 지고 다니며 맡은 지역의 사무실에 물을 채우곤 했다. 비록 지게를 지고 보리차를 나르는 일용직이었지만 한국은행에 출근한다는 사실이 얼마나 자랑스럽고 영광스러웠는지 모른다. 더군다나 은행에 출퇴근 버스나 관광버스를 타고 출퇴근 할 때는 기분이 너무 좋았다. 마치 하늘에라도 오른 듯 마음이 기쁨으로 충만했다.

은행에 출근하기 전에 방범대장에게 사표를 제출했다. 한국은행에 취직했다는 소식을 들은 파출소장과 경찰관들, 방범대원들은 큰일을 이룬 나에게 아낌없는 축하의 박수를 보내주었다.

은행 출근 후, 점심시간이 되면 은행원들은 모두 밖으로 혹은 구내 식당으로 식사하러 나간다. 나는 그럴 형편이 되지 못해 점심시간이 면 은행 도서실에 가서 신문이나 책을 읽으며 시간을 보냈다.

사람은 참 간사하다. 은행에 들어오기 전에는 그저 일용직이라도 은행원이 되고 싶었는데 막상 들어오니 보리차를 나르는 직업이 아니라 도서실에서 책을 분류하는 직원이 되고 싶은 것이다. 지게 대신 이곳에서 책에 관한 일을 하며 근무할 수 없을까 생각하던 중 도서실 에 근무하려면 사서가 되어야 한다는 것을 알게 되었다.

길을 알면 도전한다. 나는 사서 자격증을 취득하기 위해 대학에 진 학하기로 마음먹고 대학 입학을 목표로 정하고 또다시 하나님께 기도하기 시작했다.

믿음과 기도

믿음은 바라는 것들의 실상이요
보지 못하는 것들의 증거다
없는 것을 있는 것처럼 생각하고
믿음으로 구하면
하나님은 응답해 주신다
우리에게 믿음이 필요한 것은
바로 이것 때문이다

은행

바라볼 수 없는 그 문으로
나는 들어갔다
죄인들인 인간이
들어갈 수 없는 천국으로 들어가는 것처럼
나는 은행에 들어갔다
전능하신 사랑의 하나님을 붙들고
밤새워 기도했더니
그 견고한 은행의 문을
하나님은 내게 열어주셨다

꿈의
대학생

꿈을 정한 후, 나는 기도하면서 다닐 수 있는 대학을 찾아보았다. 내가 선택한 조건은 일단 은행과 가까운 곳에 있어야 하고, 사서 과정이 있어야 한다. 그래서 목표를 정한 곳이 성균관 대학교 사서 과정이었다.

나는 다시 목표를 세우고, 대학 입학을 위해 열심히 준비했다. 낮에는 열심히 은행에서 주어진 일에 최선을 다하고, 밤과 쉬는 시간에는 열심히 공부했다.

아내는 건강이 좋지 않은 내가 무리해서 무언가에 매달리는 것을 늘 걱정한다. 아내에게 최대한 건강을 지키기 위해 애쓰겠다고 안심을 시키고 나는 최선을 다해 노력했다.

노력은 결과를 만든다. 나는 이듬해 내가 꿈꾸어 왔던 성균관 대학교에 입학을 하게 되었다.

내가 꾼 꿈들은 그렇게 하나 둘 이루어졌다.

배움

배움의 길은 끝이 없다
그러나 배우지 않으면 안 된다
우리의 호흡이 멈추는 그 순간까지
우리는 배워야 한다
아는 것이 힘이라는 말
틀림없는 말이다

도약과 성숙

계단을 계속 오르다 뒤돌아보면
내가 오른 계단이 보인다
한 번에 오를 수 없어
한 발 한 발 올라온 발자국이 보인다
내려다보면
올라가야 할 봉우리도 동시에 보인다
모든 봉우리는 하늘 아래 있지만
한 봉우리 한 봉우리마다 의미가 있다
올라온 자만이
그곳의 공기를 들이마실 수 있다

무한도전

뒤늦게 하는 학교생활은 너무나 행복했다. 비록 늦은 밤에 다니는 야간대학이지만 너무나 감사하고 행복했다.

특별히 전공이 사서다 보니 도서관에 자주 다니게 되었던 나는 학생들과 함께 독서 운동을 해나가기로 했다.

처음에는 몇 명이 학교 주변에서 독서운동 캠페인을 벌이며 모임을 시작했으나 사람들이 늘어나면서 '한국독서운동중앙회'라는 조직을 설립했다.

한국독서운동중앙회는 점차 커지고, 급기야 나는 회장직을 맡아 본격적으로 범국민 독서운동을 펼쳐 나가게 되었다.

전국 각지에서 우리의 선한 뜻에 동조하여 후원금을 보내주셨고 그 후원금을 가지고 우리는 독서 캠페인을 벌이며 직장, 관공서, 역전 대합실, 구청 민원실 등에 무료 도서실을 설치하게 되었다.

아이디어도 넘쳐 났다. '달리는 도서실'이라 하여 버스와 전철에 책을 비치하여 사람들이 쉽게 책을 접하게 만들어 나갔다.

또 지금이야 아름다운 재단처럼 헌책을 새 책으로 바꾸어 주는 시대지만 당시에는 책 한 권도 귀한 시절이었다.

전국에 헌책들을 기증해 달라고 편지를 보냈고, 그로 인해 수많은 책들이 모여 그 책들을 낙도와 고아원, 그리고 교도소 등 어려운 지역에 새롭게 포장하여 보내는 운동을 펼쳐 나갔다.

지금 생각해 보면 도저히 엄두가 안 날 만큼 엄청난 일들인데 당시에는 아무것도 모른 채 그렇게 큰일들을 닥치는 대로 해나갔다.

그렇게 열심히 일하다 보니 연일 우리 활동이 신문과 방송에 소개되었다. 전국 각지에서 응원의 메시지와 책들이 쏟아져 들어왔고, 우리는 신바람 나게 봉사활동을 이어 나갔다.

어느 날 문득, 아예 책이 아니라 도서관을 통째로 보내면 어떨까라는 생각이 들었다. 책을 보내도 책 관리가 쉽지 않고 또 해당 기관 사람들의 눈높이에 맞는 책들을 골라 보내기도 어려운데 이참에 이동식 도서관을 만들면 어떨까 하는 생각이 든 것이다.

결국, 우리는 새로운 꿈을 가지고 전국 각지에 이 운동에 후원해 줄 것을 호소했고, 언론을 통해 도움을 청하여 마침내 이동식 봉고차를 만들 수 있었다.

당시 이동식 도서관은 그야말로 혁신적인 것이었다. 연일 방송과 신문 등에서 우리 이동식 도서관을 홍보했다.

'찾아 가는 도서관. 이동식 도서관!'

1대, 2대, 3대, 그렇게 책을 실은 이동식 봉고차를 만들어 각 구에 보냈고, 구는 우리가 보내준 이동식 도서관을 구에 속한 동의 일정 구역을 돌아다니며 책을 빌려주는 일을 하게 되었다.

마침내 이 일이 전국적으로 확대되면서 나는 대통령 표창을 받게되었고, 서울시민 대상자로 선정되어 당시 시민으로서는 처음으로 연말에 보신각 타종에 참석하여 보신각 타종 행사를 할 수 있게 되었다.

나는 이 운동을 통해 사람들이 힘을 모으면 세상이 변화될 수 있다는 것을 깨달았다.

책

책은 글로 말하는 스승이다
내가 알고 싶은 지식이 그 안에 있다
내가 가고 싶은 세상도 그 안에 있다
미처 알지 못했던 진지한 고민들과
놀라운 상상의 세계가 거기에 있다
책을 가까이하는 사람은 성공하고
멀리하는 사람은 후회한다
책은 행복의 열쇠를 우리에게 준다

책 중의 책

세상의 책을 모두 쌓으면
태산보다 높으리라
사람의 생각만큼 많고 많은 책
책 중의 책은 성경이다
거기에는 천국이 있고
영원한 생명의 길도 있다

흥망성쇠

책을 읽는 사람은 흥하고
읽지 않는 사람은 쇠한다
책을 읽는 공동체는 번영하고
읽지 않는 공동체는 쇠한다
책에게 길을 물어라
책에 없는 길이 있다면
그 길은 이 세상에도 없다

글

한 줄의 글이 나오기까지
그 사람은 세상을 살았다
글자를 배웠고
인생이 무엇인가 생각했다
한 줄의 글
그 글 앞에서 겸손한 사람은
험한 세상에서 승리한다

서울시민대상

서울 시민들이 나에게 주는 상을 받은 날
내가 이 상을 받을 자격이 있나
내 자신을 돌아보았다

각설이 타령을 하면서 냄비를 두들기고
이 집 저 집 다니며 밥 동냥하고
찹쌀떡, 메밀묵 외치다가
방범대원이 되고
그러다가 은행에 들어가고
책을 읽자며 분주히 뛰었던 일밖에 없는데

내가 서울시민대상을 받을 수 있나
생각해 보았다
마지막에 내린 결론은
낙심하지 않고 열심히 살았다는 것
그 투지 하나뿐이었다

보신각 종 타종

서울 한복판에 있는 종 하나
보신각 종이다
수도 서울을 보호하는 소리
깨우는 소리
새 아침을 알리는 소리
이 종을 치고 나서
나는 소리로 사는 인생을 생각했다
소리로 사는 민족을 생각했다
진리의 소리가 가득한
이 나라를 소망했다

꿈꾸는
자의
복

서울시민대상과 더불어 보신각 종 타종에 대한 내용이 신문과 방송에 소개되면서 내 직업이 한국은행 직원 신분으로 나가다 보니 은행 사람들이 궁금해 하기 시작했다.

"어제 TV에 나온 한국은행 김흥용이 누구야? 어느 부서 사람이야?"

그런데 찾고 보니 그 장본인이 정규직도 아닌 일용직 사람이었다. 그 사실에 모두들 또 한 번 놀랐다.

어느 날, 일을 하고 있는데 동료가 뛰어왔다.

"어이, 김 씨! 빨리 총무과로 가봐."

"왜, 뭔 일 났어?"

"아니, 총무과에서 당장 올라오라고 하네. 뭐 실수한 거 아니야?"

나는 총무과에서 부를 일이 뭘까 궁금해 하면서 총무과로 갔다.

그날 나는 총무과를 통해 총재님을 만나게 되었다.

총재님은 한국은행 직원이 사비를 털어서 독서운동을 한다는 것이 너무나 자랑스럽다고 하시며 고맙다고 나의 손을 잡아주셨다.

그리고 신문에서 봤다고 하시며 지금 대학에 다니고 있느냐고 물어보셨다.

나는 낮에는 은행에서 일하고, 저녁에는 야간대학에서 사서 자격증 준비를 하고 있다고 대답했다.

"김흥용 씨는 철인입니다. 혼자 1인 3역을 하네요. 직장에, 학생에, 독서운동 회장에 대단합니다."

총재님은 졸업해서 사서 자격증을 꼭 따라고 특별하게 격려해 주셨다. 그 후 성균관 대학교 졸업과 동시에 사서 자격증을 취득했다. 그리고 곧바로 나는 봉사활동으로 은행의 명예를 높였고, 은행에서 사서가 필요하다는 점을 최대한 반영하여 드디어 꿈에 그리던 정식 직원으로 발령을 받게 되었다.

한국은행 창립 이래 일용직 인부가 정식 직원이 된 것은 내가 처음이라고 했다. 많은 직원들의 축하를 받았다.

사람들은 마치 내가 기적을 이룬 사람처럼 말해 주었다. 대통령 표창을 받을 때보다 나는 정식 은행원이 된 것이 너무나 기쁘고 감사했다.

더 이상 이룰 꿈이 없을 정도로 내 마음은 너무나 행복했다.

그런데 그것도 잠시 나는 또 다른 욕심이 생겼다.

은행원으로서의 자질을 좀 더 잘 갖춤과 동시에 경영을 알기 위해 성균관 대학교 경영대학원에 진학을 하게 된 것이다.

정말 작은 꿈과 선행으로 시작한 일들이 내 인생을 계속 변화시켜 나갔다.

길

뜻이 있는 곳에 길이 있다
이웃을 위하는 고운 마음이 있으면
불가능해 보이는 봉우리도 오를 수 있다
우리의 선한 목자 되시는 예수님은
우리의 가는 길을
쉴 만한 물가와 푸른 풀밭으로 인도하신다

기쁨

꿈이 이루어지면 기쁨이 온다
꿈은 기쁨을 원하는 사람들의 힘이다
처음엔 겨자씨만큼 작아도
시간이 지나면서 점점 커진다
큰 나무가 되고 새들이 와서 둥지를 튼다
기쁨의 인생을 살고자 원하면
꿈의 사람이 되라
마음에 그리기만 하면 다가오는
신비한 만남의 비밀
그 안에 영혼의 꽃인
기쁨이 있다

그 의자

내가 앉았던 한국은행 그 의자

전에 아무도 앉아 보지 않았고

내 이후엔 누구도 앉을 수 없는 그 의자

우리 모두에게는 나만의 의자가 있다

곁에 있던 수많은 의자의 주인들

지금 어디서 무엇을 할까

나처럼 그 의자 생각하면서

지나간 세월 되돌아볼까

이처럼 그리워할까

목회자-
부르심

퇴근 후 봉사 일을 끝내고 집으로 가던 중 서울역 지하도에 이르자 굶주린 걸인 한 명이 추위에 떨고 있었다. 점퍼도 입지 못하고 맨발로 오들오들 떨고 있는 모습을 보는 순간, 과거 추위에 떨면서 지낸 나의 걸인 시절이 떠올랐다. 나는 집에 도착하자 두꺼운 점퍼와 양말 몇 켤레를 챙겼다. 그것을 들고 서둘러 서울역으로 향했다. 걸인은 아직도 그 자리에서 떨고 있었다.

점퍼를 입히고 양말을 신긴 후, 옆의 빵집에 가서 빵과 우유를 사다 주었다.

"어이구, 고맙습니다. 정말 고맙습니다."

무엇이 그리 감사한지 급하게 빵을 먹으며 연신 나에게 고맙다고 한다.

젊은 날, 이곳에서 누군가의 도움을 바라며 구걸을 하던 내 모습이 그 걸인의 모습에 투영된다.

더 도움을 주고 싶었다. 하지만 내가 도울 수 있는 한계는 여기까지인 것 같아서 일어나려 했다.

그런데 내 마음 한쪽에서 그 시절 남대문교회에서 지금의 미래를 구하며 간절히 기도하던 내 모습이 생각났다.

"저기……혹시 괜찮으면 내가 기도를 해 주고 싶은데……괜찮겠어요?"

나는 진심으로 이 청년이 나처럼 지독한 가난에서 벗어나길 원했다. 그래서 내가 그 시절 만난 그 하나님을 전하며 기도해 주고 싶었다.

"네? 혹시 목사님이세요?"

"아니에요. 전 그냥 집사인데 기도해 주고 싶어서 그래요. 기도해 줘도 될까요?"

그 걸인은 기도를 받겠다고 했다.

나는 걸인의 손을 잡고 기도를 했다.

"하나님, 나를 만나주신 하나님. 이분도 동일하게 만나주시고 나를 어려움에서 건져 주셨듯이, 이분을 이 어려움 속에서 건져 주시옵소서."

그렇게 간절히 기도하니 내 눈에 눈물이 고였다. 기도하는 동안 내 눈물 한 방울이 그 청년의 손등 위에 떨어졌다.

한 방울의 눈물로 시작된 기도는 어느덧 눈물의 기도가 되었다.

정말 나는 이 청년을 이 상황에서 벗어나게 하고 싶었다.

나의 진심이 통해서일까?

걸인도 나의 손을 붙잡고 자기도 여기서 벗어나고 싶으니 벗어나게 해 달라고 운다.

돌아오면서 내 마음에 무언가 불 같은 감정이 일어났다.

'그래, 사회봉사도 중요하지만 정말 더 중요한 것은 이 시대에 복음을 전하는 것이다. 나를 만나주신 그 하나님을 전하고 어려움에 처해 있는 이들에게 미래에 대한 꿈을 심어 준다면 그게 사회를 변화시키는 길일 거야.'

나는 속으로 이들과 함께 예배를 드리기로 다짐을 하고, 그 주부터 바로 실천에 옮겼다.

나는 한국독서운동 회장직을 후임자에게 넘겨주고, 서울역에 들어와 매주 한 번씩 지하도에서 예배를 드리며 예배에 참석한 걸인들에게 옷과 양말 등의 생필품과 음식을 대접하는 사역을 시작했다.

예배 때마다 먹을 것과 입을 것을 달라며 많은 걸인들이 모여 들었다.

그동안 오랜 시간 독서운동중앙회를 운영하면서 만난 수많은 후원자와 지인들에게 이번에는 헌책이 아닌 헌옷 등을 깨끗하게 빨아서 보내 달라고 편지를 보냈다. 모든 일은 일사처리로 진행되었다.

새 옷 같은 헌옷들이 많이 들어왔다. 여기저기, 이곳저곳에서 옷들이 들어왔는데 월세로 빌린 사무실이 어느덧 헌옷으로 가득 차게 되었다.

그런데 그 많은 옷들을 우리 가족들만으로는 정리하기가 쉽지 않았다. 그래서 다시 편지를 보내 매주 1회 봉사자 모집 요청을 했다.

역시 내 뜻에 동조한 봉사자 또한 넘쳐 났다. 가난하고 소외된 걸인들을 돕기 위해 이곳저곳에서 많은 봉사자들이 몰려왔다.

나는 걸인들, 봉사자들과 함께 예배를 드리고 찬양을 하고 같이 옷고 울며 그렇게 새로운 사역을 시작하게 되었다.

사역이 정착되면서 나는 또 하나의 부르심에 응답을 하게 되었다.

남은 삶을 이제는 소외되고 억눌린 걸인들을 돕는 그런 삶을 살고 싶었다. 남대문교회에서 간절히 기도하며 버틴 그 힘, 십자가의 사랑을 이들에게 전하고 싶었다.

내 마음의 그 감동은 '부르심'이었다.

그해 나는 부르심에 순종하여 신학교에 입학했다. 또다시 낮에는 은행원으로, 밤에는 신학생으로 늦깎이 학생이 되어 열심히 공부했다. 그 후 나는 전도사를 거쳐 목사 안수를 받고 사역자가 되었다.

"베드로가 이르되 은과 금은 내게 없거니와 내게 있는 이것을 네게 주노니 나사렛 예수 그리스도의 이름으로 일어나 걸으라."(행 3:6)

이 세상

이 세상에는 왜 이리 슬픈 일들이 많을까
고통받는 사람들이 많을까
가만히 생각해 보면 인간들의 죄 때문이다
욕심 때문이다
금고에 번쩍번쩍 빛나는 금괴가 가득해도
죽어가는 걸인들을 못 본 체한다
사람이 죽어가도 탐욕의 봉우리는 높아만 간다
이 세상 한가운데 내가 있다

수고하고 무거운 짐 진 자들아

"수고하고 무거운 짐 진 자들아
다 내게로 오라
내가 너희를 쉬게 하리라"

내 선한 목자이신
예수님의 음성 들려올 때면
나는 걸인들의 곁을 그냥 지나칠 수 없다

고통받는 이웃의 아픔들을 외면할 수 없다
나를 쉬게 하신 나의 목자여
나를 통하여 세상의 아픔들 치유하소서

가장 큰 공부

공부를 한다며 책도 많이 보았고
잠을 자지 않고 숙제도 해보았다
공부는 언제나 샘을 파는 인부의 마음

그래도 이렇게 큰 공부 처음 만났다
하나님의 말씀을 배우는 신학 공부
캠퍼스는 너무 커서 울타리를 볼 수 없고
교장이신 예수님은 내 안에 계셨다

태초와 마지막을 오가며
십자가 사랑으로 단련하는 하루하루
신학 공부는 세상에서 가장 큰 공부였다

서울역 나사로의 집

한국은행에서 파노라마 같은 20년의 대여정을 무사히 마쳤다. 나는 퇴직 후, 퇴직금과 아들이 모아준 돈을 합쳐 1997년 4월에 서울역 앞 쪽방 지역에 정식으로 '나사로의집'을 설립했다.

사역을 시작하고 얼마 후, 그해 우리에게 반갑지 않은 손님이 찾아왔다. IMF라는 아주 고약한 손님이었다. 이 땅에 걸인들이 갑자기 모두 사라졌다. 걸인이라는 말은 사라지고, '노숙자'라는 말이 그 자리를 차지했다.

걸인이든 노숙자든 나는 서울역에서 힘들고 고통스럽게 살아가는 이들을 위해 최선을 다해 사역을 했다. 처음에는 주먹구구로 진행한 사역이 '나사로의집'을 설립하면서 체계를 잡게 되었다.

나사로의집을 설립한 후, 내가 이들을 위해 가장 먼저 시작한 일은 무료 목욕탕이었다. 내가 한때 걸인 생활을 하면서 가장 큰 어려움을 겪은 것이 목욕과 이발이었기에 이 일을 가장 먼저 시작한 것이다. 노숙자들, 쪽방 지역 사람들을 위해 가장 기본인 목욕, 이발, 의류 지원, 음식 제공 등의 사역을 펼쳤다. 이 일은 점점 확장되었다.

목욕탕을 만들어 쪽방 주민들과 노숙자들에게 무료로 이용하게 하자 소문을 듣고 영등포, 동대문, 청량리 등 서울 전역에서 노숙자들이 모여 들었다. 가까운 지방 노숙자들까지 찾아와 나사로의집은 쪽방 주민들과 노숙자들로 연일 만원을 이루었다. 이렇게 되자 주변의 식당과 상가에서 쪽방 주민들과 노숙자들로 인해 장사를 할 수 없다며 항의를 하며 관계 기관에 연일 민원을 넣었다.

그러나 나는 이런 일에 낙심하지 않고 지속적으로 이 사역을 펼쳐 나갔다. 노숙자들을 이발시키는 일은 힘들지 않았다. 한때 나는 이발 기술을 배운 적이 있어서 이 일을 아주 잘할 수 있었다.

목욕과 이발을 마친 이들에게는 옷이 필요했다. 그래서 나는 여러 직장에 부탁하여 의류를 지원받아 목욕과 이발을 끝낸 사람들에게 옷을 입히고 식사를 제공했다. 이렇게 하자 나사로의집은 성황을 이루었고, 신문과 방송에서도 크게 홍보를 해 주었다.

이 일을 하면서 나는 이들을 자활시켜 세상에서 떳떳하게 살게 하는 것이 중요하다고 생각했다. 그래서 나사로의집에서 잠자는 사람들을 대상으로 자활훈련을 시켰다.

리어카 두 대를 구입한 후, 나는 밤 12시가 되면 잠자는 이들을 깨워 함께 리어카를 끌고 시장과 주택가를 돌며 폐지를 주웠다. 몇 시간을 돌면 리어카에는 폐지가 가득했고, 주운 폐지는 낮에 고물상에 가서 팔았다. 그 수입이 만만치 않았다.

폐지를 판 수익금으로 음식도 사 먹고, 옷도 사 입고, 필요한 것들을 사게 했다. 그러다가 돈이 모이면 쪽방에 방을 얻어 그곳에서 독립적으로 생활하게 했다. 비록 작은 공간이지만 자기 공간이 생기자 그들의 삶의 태도가 달라졌다.

한 명, 두 명 쪽방에 입주하자 이를 본 노숙자들도 쪽방 입주를 위해 열심히 일했고, 쪽방에 방을 얻어 새로운 인생을 시작하는 이들이 늘었다.

그 후 서울역에서 구걸하던 노숙자들이 쪽방으로 입주하게 되고, 소문을 듣고 몰려 든 노숙자들이 쪽방을 얻어 자립하기 시작했다. 한 명, 두 명 쪽방을 얻어 자립하여 그들이 거리에서 쪽방으로 거처를 옮겨 가면서 서울역에는 노숙자들이 점차 줄어들었다.

나사로의집

평생을 부잣집 대문간에서
부자가 버린 음식을 주워 먹었던 거지 나사로
때로는 갈비 뼈다귀를 놓고
개들과 싸웠지만
험한 인생길 마친 후에는
저 천국에서 영생을 누리며 웃고 사누나
집 없고 돈 없어서 서러운 가엾은 오늘의 나사로들
눈 오는 겨울이 너무 시려워
라면 박스 덮어쓰고 벌벌벌 떠네
거지 나사로야 이리 오너라
여기 네 몸 눕힐 작은 처소가 있구나

자랑하지 마라

돈 많다고 자랑하지 마라
큰 권세 있다고 자랑하지 마라
공부 많이 했다고 자랑하지 마라
당신이 밥 굶는 나에게
한 끼 먹으라고 돈 준 적 있느냐
무식한 나에게
구겨진 신문이라도 읽으라고
기역 니은 가르친 적 있느냐

빈손 인생

일장춘몽 같은 인생
아침 이슬 같은 인생
꿈처럼 사라지면
너 무엇을 가지고
저 하늘로 가려느냐
빈손 인생아
가지고 있을 때
어려운 이웃들 생각하여라
따뜻한 밥 한 끼 먹여라

다 내게로 오라

수고하고 무거운 짐 진 자들아
다 내게로 오라
냄새 난다 박대받는 나사로들아
다 내게로 오라
내가 너희를 쉬게 하리라
돈에 눌리고 권세에 눌리어 고통받는
살찐 자들의 그늘을 사모하지 말아라
사망의 음침한 골짜기엔
허망과 고뇌만 있으니
쉼 없는 자들아 다 내게로 오라

많이 가진 이들에게

빵 한 조각 나누는 마음
잊지 마세요

거리에 누운 영혼들
괴롭히며 가죽 말리는

흙에서 올라오는 찬 기운
잊지 마세요

우리 흙으로 돌아가게 될
그날을 잊지 마세요

쪽방

목욕탕에서 노숙자들을 목욕시키고 이발시키고 있는데 양복 입은 두 사람이 나를 찾아왔다. 그중 한 사람이 자신을 중구청 사회과 계장이라고 소개하며 방문한 이유를 말한다.

청와대에서 '나사로의집' 사역 소식을 듣고, 서울뿐만 아니라 전국의 쪽방 지역에 나사로의집 같은 상담센터를 세워 쪽방 지역 주민들을 도우라는 지시가 있었다고 한다. 그래서 시범적으로 중구청에서 중구 지역 쪽방 상담센터를 설치하려고 하는데 나사로의집에서 운영을 맡아 줄 수 있겠느냐는 것이었다.

그동안 중구청에서 검토한 결과, 시설비와 임대료는 지원해 줄 수 없지만 직원 3명의 급여와 소모품 비용은 지원해 줄 수 있으니 가능하면 경험이 많은 나사로의집에서 맡아 운영해 주면 좋겠다고 했다. 장소 역시 중구 관내 쪽방 지역이어야 한다고 했다.

나는 무엇보다 직원 3명의 급여를 지원한다는 데 솔깃했다. 사실,

그동안 모든 일을 나와 아내, 자식들이 봉사해 왔기 때문에 힘든 부분이 많았다. 그런데 직원 3명을 채용해서 함께 일한다면 아주 잘할 수 있을 것 같았다.

나는 나사로의집에서 이 일을 맡아야겠다고 생각하고, 다음날부터 중구 관내 쪽방 지역에 적합한 장소가 어디에 있는지 찾아 나섰다. 중구의 쪽방들은 힐튼호텔 아래 남대문 경찰서 옆에 밀집해 있었다. 따라서 남대문 경찰서 옆에 하면 안전 면에서도 아주 좋을 것 같았다. 건물을 임대하고 목욕 시설, 이발 시설, 사무실을 갖춘 후, '남대문 지역 상담센터'라는 간판을 걸고 업무를 시작했다.

직원 3명을 채용하여 체계적으로 봉사할 수 있어서 전보다 훨씬 많은 일들을 할 수 있었다. 나의 활동은 상담센터와 더불어 더욱 크게 알려져 신문, 방송에서 연일 빅뉴스로 보도되었다.

하루는 후원자 한 분이 신문을 보고 나를 대접하고 싶다고 찾아오셨다. 그러고는 한 번도 가보지 못한 곳으로 나를 데려가셨다. 그곳은 중구에서 가장 크고 화려한 힐튼호텔 뷔페식당이었다.

호텔은 으리으리했고, 뷔페 음식은 가지 수도 엄청 많았고, 맛도 너무 좋았다.

그러나 내 사역과 전혀 어울리지 않는 곳에서 식사를 하자니 내 마음이 많이 불편했다. 하지만 나를 대접하겠다고 멀리서 찾아오신 분을 생각해서 내색은 하지 못하고 연신 감사하다고 말하며 식사를 했다.

식사를 마치고 사무실로 돌아오면서 문득 떠오르는 생각이 있었다. 저녁에는 힐튼호텔 뷔페에 남은 음식이 분명히 있을 텐데 그 음식을 어떻게 처리하는지 궁금해졌다. 우리나라 최고의 호텔 음식이니 음식은 최고일 터인데 만일 그 음식을 우리 쪽방 주민들에게 먹일 수 있다면 얼마나 좋을까.

나는 당장 이 일을 알아보았다. 알아보니 남은 음식은 그날그날 폐기한다는 것이었다. 나는 다음날 관계자를 만나 남은 음식을 쪽방에 나누어 줄 수 있는지 물으며 도움을 청했으나 절대로 불가하다는 답변을 받았다.

그래도 나는 미련을 버리지 못하고 기도하며 노력한 결과, 좋은 분을 알게 되었다. 당시 나사로의집에서는 현직 검사, 교수, 회사 중역 등 많은 분들이 봉사를 하고 있었는데 이 중에 청와대 인사과장도 있었다. 그분은 매주 와서 땀을 흘리며 봉사하는 훌륭한 집사님이었다.

나는 그분에게 힐튼호텔 건을 이야기했다. 그 집사님은 내 말을 경청한 후, 쪽방 주민들을 위해서 좋은 일 같으니 자기가 한 번 알아보겠다고 했다. 안 되면 할 수 없지만 집사님이 허언을 할 사람이 아니라고 판단되어 기대를 하고 기다렸다.

며칠 후, 집사님이 센터로 찾아왔다. 힐튼호텔 고위 관계자와 의논한 결과, 호텔 뷔페 음식을 가져가서 쪽방 주민들에게 주는 것은 얼마든지 가능하나 먹고 남은 음식을 남겨두었다가 그 음식을 먹고 탈이 나거나 그 밖의 문제들이 생길 수 있어서 그것이 염려된다고 말했다는 것이다. 그런 문제가 생기면 호텔은 치명적인 타격을 받는다고 한다. 그 말을 들으니 충분히 이해가 되었다. 일류 호텔이니 외부로 음식이 나가 잘못되면 큰일이긴 했다. 그래서 나는 한 가지 제안을 집사님을 통해 호텔 측에 전달했다.

나사로의집에서 무료 급식 중 뷔페 음식에 문제가 발생할 경우 호텔은 그 어떤 책임도 없다는 약정서를 쓰고 받아 오는 것이었다.

우리가 하는 일들이 힐튼호텔 사장님께도 전해졌다고 한다. 사장님은 우리 사역을 자세히 전해 들으시고 바로 뷔페 음식을 전달하라고 지시를 하셨다는 연락을 받았다. 너무 기쁘고 감사했다.

우리나라 최고의 호텔 요리를 우리 쪽방 주민들에게 먹일 수 있다는 것 자체가 너무 큰 기쁨이었다.

그 후 오후 늦게 대형 스테인리스 그릇 다섯 개를 호텔에 갖다 주면 호텔 측에서 그 그릇에 음식을 가득 담아 냉장 창고에 놓아 두었다. 그러면 이튿날 오전에 우리가 직접 가서 가져왔다.

당시 운반할 차량이 없어서 나와 직원이 직접 호텔에 가서 음식을 힘들게 사무실로 운반해 왔다. 그리고 쪽방 주민들을 사무실로 오게 하여 음식을 대접했다.

힐튼호텔에서 남대문 경찰서 옆 상담센터 사무실까지 음식을 운반하는 일은 보통 힘든 일이 아니었다. 하지만 우리는 신나게 일했다. 쪽방 주민들이 평소 먹어볼 수도 없는 음식을 먹으며 즐거워했기 때문이다.

호텔 뷔페 음식은 종류도 다양하고, 모두 고급 재료로 만들어서 기가 막히게 맛이 있었다. 갈비, 떡, 빵 등 이름도 모르는 음식들이 매일 매일 나와서 쪽방 주민들이 배불리 먹었다. 쪽방 주민들도 처음에는 좋은 음식을 너무 과하게 먹어 설사를 하기도 했지만 점차 양을 조절해 먹게 되었고 건강도 좋아졌다. 덕분에 직원들 역시 특식을 대하게 되어 즐겁게 봉사할 수 있었다.

나중에는 중구 쪽방 주민들뿐만 아니라 가까운 용산 쪽방 주민들까지 와서 먹게 되자 남대문 센터는 연일 잔칫집이 되어 북새통을 이루었다. 그러나 먹는 사람들이 많아지자 힐튼호텔 음식만으로는 부족하게 되었다. 그것도 그럴 것이 용산과 중구 쪽방 주민을 합치면 2,500여 세대였다. 힐튼호텔의 음식만으로는 턱없이 부족했다.

나는 용산 한강 쪽에 있는 대형 웨딩홀 사장님을 찾아갔다. 우리의 형편을 이야기하니 앞서 말한 것처럼 자신들 음식이 외부로 나갔다 탈이 나면 큰일이라고 처음에는 난처해하며 거절을 하셨다.

그래서 우리는 지금 힐튼호텔 뷔페식당의 음식을 나누어 준다고 이야기를 했다.

"아니, 힐튼호텔에서 외부로 음식을 내보낸다고요? 정말이에요?"

"예, 우리가 몇 년 동안 그 일을 하고 있는데 한 번도 사고가 나지 않았습니다."

나는 나사로의집 언론 보도와 힐튼호텔 음식 사진들을 보여 주었다.

"아! 힐튼호텔에서도 음식을 주고 한 번도 사고가 나지 않았다는데 그럼 저희도 괜찮습니다."

넉넉하고 인심이 좋아 보이는 사장님이 웃으며 기꺼이 허락해 주셨다. 이렇게 하여 2,500여 세대를 배불리 먹일 수 있게 되었다.

그런데 문제가 생겼다.

힐튼호텔은 쪽방촌 바로 위에 있으니 힘들어도 몇 사람이 계속 나르면 되었지만 용산에 위치한 이곳에서 음식을 나르는 것은 차가 없이는 불가능한 일이었다.

나는 또다시 관련 단체를 방문하여 봉고차 한 대를 지원해 달라고 호소했다. 그러자 모 관련 단체에서 흔쾌히 봉고차 한 대를 기증해 주었다.

그 후 우리는 대형 스테인리스 그릇을 많이 구입해서 매일 봉고차에 실어 음식을 가져왔다. 그리하여 용산 쪽방, 중구 쪽방 2,500여 세대가 배불리 먹을 수 있게 되었다.

웨딩홀 뷔페 역시 종류가 다양했다. 부침개, 갈비, 떡, 잡채 등 맛있는 고급 음식이 많았다. 쪽방 주민들은 이 음식으로 주린 배들을 넉넉히 채울 수 있었다.

국내에서 처음으로 시작된 정부 지원 중구 상담센터를 출발로 용산, 영등포, 종로, 동대문으로 상담센터가 확장 설립되었다. 어려운 이웃들을 위한 이 상담센터는 서울 지역을 시작으로 대전, 대구, 부산 지역까지 전국 쪽방 지역으로 확산되었다. 우리가 시작한 중구센터를 기준으로 시설되어 똑같은 봉사가 전국에서 이루어지게 된 것이다.

아직 용산센터가 마련되지 않아 용산 지역 주민들이 중구센터를 함께 이용할 때 나는 용산 쪽방 상담센터의 필요성을 느꼈다. 그래서 보건복지부를 찾아가 용산 쪽방 상담센터의 필요성을 설명했다. 그리하여 중구에 이어 두 번째로 용산에 쪽방 상담센터를 설치하게 되었다. 우리는 나사로의집과 중구센터, 용산센터까지 운영하면서 봉사 영역을 전국으로 확대해 나갔다.

"구하라 그리하면 너희에게 주실 것이요 찾으라 그리하면 찾아낼 것이요 문을 두드리라 그리하면 너희에게 열릴 것이니 구하는 이마다 받을 것이요 찾는 이는 찾아낼 것이요 두드리는 이에게는 열릴 것이니라."(마 7:7–8)

지도자

지도자가 중요하다
연약한 인생들의 마음을 헤아리고
그들을 위해 긍휼을 베푸는 지도자
이런 지도자가 필요하다
탐관오리들의 번뜩이는 눈길 속에서는
나라가 살지 못하고
백성들은 하나 되지 못한다
가난한 사람들의 희망이 되는 지도자
우리는 이런 지도자를 달라고
하나님께 기도해야 한다

힐튼호텔

영원한 추억의 호텔이다
쪽방 사람들의 주린 배를 채워 주었던
아름다운 호텔이다
남산을 오를 때마다
늘 고맙다고 진심을 전하는 호텔
오늘 따라 큰 산으로 보인다

고마운 사장님들께

지금 어디서 어떻게 사십니까?
우리 함께 가난한 사람들을 먹이고 입히며
즐거워했던 그날들을 기억하고 계시지요
큰 사랑들 많이도 베풀어주셨는데
하나님이 주시는 복 많이많이 받으셨지요
나이가 들고 보니 미안한 마음 자꾸 듭니다
이제는 제가 무엇인가를 대접하고 싶습니다
다시 만날 수는 없을까요?
사장님들, 진심으로 존경합니다
사랑합니다

상담센터

인간은 말을 해야 사는 동물이다

내 마음속의 갈망을 속 시원히 드러내야 한다

물이 고이면 썩어버리듯

막힌 입은 마음을 상한다

내 마음의 물을 흘려보내야 한다

누가 내 말 들어주나

누가 내 친구 되어주나

고독한 섬만큼이나 외로운 사람들에게

우리가 만나 이야기 나눌 수 있는

작은 방 하나 만들었다

웨딩홀의 연

청첩장 들고 웨딩홀 갈 때마다
용산 한강변의 그 웨딩홀 생각난다
가난한 사람들 돕겠다는 말에
나도 거들겠다며 즉시 답하시던 사장님
그 모습 잊히지 않습니다
선을 행하되 낙심하지 아니하면
때가 이르면 거둔다는 말씀 잊지 마세요
부부의 연을 이루는 곳
그곳에서 우리의 연도 이루어져
지금은 바람 타고 저 멀리 높은 곳에서
새처럼 날고 있습니다

가난의
세습

큰 아들은 영등포 청과시장에서 청과장사를 했다. 성격도 활달하고 배짱이 두둑해서 사업을 겁 없이 확장해 나갔다. 결국, 너무 크게 사업을 벌려 막대한 손해를 보게 되었다.

큰 아들은 내가 은행원으로 벌어서 마련해 두었던 잠실의 33평 아파트를 날렸다. 이 아파트는 한국은행 조합에서 시추한 것으로 잠실 공원을 마주하고 있는 고급 아파트였다. 다른 은행원들은 대부분 입주했으나 나는 퇴직 후에 들어가 살려고 전세를 주었었다.

그러나 큰 아들의 사업 실패로 아파트가 순식간에 날아가 버렸다. 게다가 두 작은 아버지로부터 1억 원을 빌렸는데 그 돈도 갚을 수 없게 되었고, 여러 곳에서 빚을 얻어 장사한 것이 무너지니 우리 집이 빚더미에 앉게 되었다.

상황이 이렇게 되자 신학대학을 졸업한 작은 아들은 대학원 진학을 포기하고 청과사업에 뛰어들었다. 집안을 살리겠다는 일념으로 아무것도 모르는 생소한 길에 뛰어든 것이다.

작은 아들은 성격이 침착하고, 모든 일을 정확하게 처리하며, 기획력이 뛰어났다. 그래서 신용주의로 차근차근 사업을 펼쳐 나갔다. 사업성과는 눈에 띄게 좋아졌고 신용을 얻게 되었다. 이렇게 되자 사업은 하루가 다르게 안정을 되찾아갔다.

그러나 나는 큰 아들의 사업 실패와 남의 손에 넘어간 아파트 때문에 심한 충격을 받았고 건강이 악화되었다.

나사로의집 사역에는 계속 돈이 필요했다. 나는 몸을 제대로 가누지도 못하면서 사람들을 모아 예배를 드리기 시작했다. 나는 이렇게 애를 쓰다가 응급실에 몇 번 실려 가기도 했다.

더 이상 나사로의집과 교회, 상담센터 등을 운영할 수 없을 정도로 내 건강이 나빠지자 작은 아들이 청과사업을 포기하고 나를 돕겠다고 나섰다.

작은 아들은 용산 상담센터 소장과 나사로의집 사역, 교회 등을 섬기며 열심히 나의 사역을 도왔다.

다른 부모들은 자식들에게 재물, 교회, 사업체 등을 물려주는데 나는 아들에게 끝도 없이 봉사와 헌신만을 요구하는 쪽방 사역을 물려주었다.

그러나 작은 아들은 나의 일을 이어받는 것을 운명이며 사명이라 여기고 불평 없이 어려운 일들을 잘 감당했다. 그는 열심히 섬기며 어려운 난관들을 기도로 이겨 나갔다.

자식 농사

잘 지으면 반 본전치기
못 지으면 가계 파탄
낳았다는 책임으로
오줌 똥 가려서 키워내지만
평생 조마조마
그래도 이 농사 안 지으면
다른 농사마저 망치지 않을까
오늘도 노심초사

성경의 자식들

가인의 화살 통에 든 화살
쏘라는 짐승은 쏘지 않고
착한 제 동생 아벨을 쏘아 죽이다니

부모 애간장 다 녹인 다윗의 아들 압살롬
아버지 자리 넘보아 반란 일으키고
나뭇가지에 매달려 창에 맞아 죽다니

아무리 그래도
부모 형제를 살리고
수많은 인생들 살린 요셉을 보니
자식은 여전히 소망이다

아들들에게

사랑하는 아이들아
정말 고맙구나
무엇 하나 변변히 주지 못했지만
너희들은 건강하고 씩씩하게
험한 세상 잘 헤쳐 나가고 있으니
감사하고 기쁘구나
지금의 마음 끝까지 간직하여
훗날 천국에서 꼭 만나자

자식 교육

광야와 같은 인생 살아보니
가르침의 진리 터득되었다
자식 성공시키려면
첫째, 내가 예수님 믿어야 한다
부족하니 더욱 잘 믿어야 한다
둘째, 예수님 사랑 실천해야 한다
없으면 몸으로라도 주어야 한다
셋째, 잔소리 말아야 한다
내 길 바로 가면 된다

CHAPTER 3

스콜로스-가시

불신

용산 경찰서에서 전화가 왔다. 검찰청과 청와대에 나에 대한 진정이 접수되었다고 다음날 오전에 잠시 경찰서에 들러 달라는 것이다.

용산 경찰서에서 나를 소환했을 때는 진정서에 적힌 내용을 중심으로 이미 1차 사전 조사를 마친 상태였다. 결론은 무고였다.

진정 내용인즉, 내가 대기업으로부터 많은 후원금을 받아 봉사라는 미명으로 어마어마한 부를 누리고 산다는 것이었다. 사무를 보고 있는 교회 건물과 상담센터 두 곳, 살고 있는 4층 빌라 모두 내 소유로 허울만 봉사자지 알고 보면 엄청난 사기꾼이고 부자라는 것이었다.

담당 경찰관은 등기부등본을 통해 이 건물들과 빌라가 내 것이 아님을 알고 있었다. 이미 건물의 실소유자들과 통화를 했고, 이를 통해 진정서 내용이 사실이 아니라는 것을 확인한 상태였다. 하지만 검찰청의 지시에 대해 보고서를 제출해야 하므로 형식적으로 불러 조사한다는 것이다.

당시 신문, 방송에서는 삼성 등이 연말이나 명절 때 전국 쪽방에 지원하는 물건 구입비를 나사로의집에 전달했다는 기사를 내보냈다. 그래서 사람들은 어마어마한 돈이 내 통장에 입금된 것으로 생각했는데 정작 쪽방 사람들이나 노숙자들에게는 점퍼 한 벌, 쌀 5킬로 그램짜리 한 포대밖에 돌아가지 않았으니 나머지는 모두 나사로의집 김흥용 목사가 횡령했다고 섣불리 판단한 것이다. 그들은 청와대와 검찰청에 나를 아주 나쁜 인간이라고 진정했다.

그들이 진정한 내용은 비단 이것뿐이 아니었다. 나사로의집 교회인 양지교회 담임목사 김흥용이 교회 건물세와 헌금 등을 착복한다는 내용도 있었다. 점심 때 겨우 식사 대접이나 해 주고 나머지는 내가 다 착복하여 호의호식한다는 것이었다. 참으로 기가 막혔다. 나는 직원에게 연락해 교회 금전 장부를 가져오게 하여 담당 경찰관에게 내밀었다. 장부에는 헌금자의 이름과 헌금한 액수가 기록되어 있었다. 그는 장부에 적힌 헌금 액수를 보고 깜짝 놀랐다. 쪽방에서 근근이 사는 이들이 헌금을 얼마씩이나 했겠는가. 주일 헌금이라고 낸 금액이 1,000원 정도였다. 그 금액으로는 교역자 급여는커녕 주일 점심식사 비용에도 모자란다.

명색이 상담센터 소장이었지만 급여를 내 통장으로 단 1개월도 받아 본 적이 없었다. 내 급여는 급여 지급일에 사무실 임대료로 바로 지출되었기 때문이다. 그래서 나는 상담센터를 퇴직하는 날까지 단 한 번도 월급을 받아 본 적이 없고, 퇴직금도 없었다.

교회에서도 마찬가지였다. 담임목사 급여라고 해야 약간의 교통비만 지급받았지 월급 명목으로 목돈을 받은 적이 없었다. 이 같은 사실을 말하자 담당 경찰관이 오히려 미안해했다.

형식적인 조사를 받은 후, 나는 그의 따뜻한 배웅을 받으며 집으로 돌아왔다.

나는 나중에 그 진정서를 낸 사람들이 누군지 알게 되었다. 그들은 나와 아주 가깝게 지내는 사람들이었고, 나에게 도움을 아주 많이 받는 사람들이었다.

함께 사역을 하는 아들이 분노하며 이야기한다.

"아니, 아버지! 사람이 어떻게 그럴 수 있어요. 나사로의집에 매일 와서 밥 먹고 수급자 신청도 저희가 나서서 도와주고 했는데……. 와! 세상에 믿을 사람 하나 없네."

아들이 분을 참지 못하고 화를 내면서 사람에 대한 실망을 표출한다.

"아버지는 억울하지도 않아요?"

"아니, 억울하지. 그런데 사람이 다 그렇지 뭐."

인간은 누구나 죄인이다. 불행하게도 아담과 하와의 원죄 이후 세상이 죄로 틀어졌다. 원래 창조된 세상 안에서는 이런 일이 없는 게 정상이지만 틀어진 지금의 세상 안에서는 죄인된 사람이 다 그렇지. 그게 정답이다.

그러나 '사람이 다 그렇지.'로 끝나면 안 된다. 그러면 세상은 희망이 없다.

'그리 아니하실지라도 감사하네'라는 찬양처럼 사람이 다 그렇지만 그들 안에 하나님의 귀한 사랑을 진심으로 전하고 심어 주면 그 사람도 바뀔 수 있을 것이다.

그래서 상처받지 말고 기다리고 사랑하면 세상은 바뀌게 된다.
나는 아들에게 이런 내 생각을 전했다.

가난한 지역의 사역자는 현장 속에 너무 깊이 들어와 있기 때문에 배신에 상처받고 분노를 품은 채 떠나기 쉽다. 그런 사람을 여럿 보았기에 나는 아들이 그렇게 되지 않기를 진심으로 바랐다. 이 일로 아들이 분노가 아닌 더 깊은 하나님의 사랑을 배웠으면 좋겠다.

나사로의집 사역에서 애로점은 이뿐만이 아니었다. 아침에 출근해 보면 상담센터와 교회 창문 유리들이 박살나 있는 일도 비일비재했다. 특히 물품을 지급하는 때는 이런 일이 늘 반복되었다. "나는 왜 주지 않느냐, 왜 이것밖에 안 주느냐?"며 한밤중에 찾아와 창문을 부수었다. 교회 출입구에 소변을 보기도 하고, 심지어 대변까지 보는 사람들도 있었다.

한 번은 아들이 주일 설교를 하는데 술을 마시고 들어와 돈을 달라고 소리를 지르다가 말리는 아들 손가락을 잡아 부러뜨린 일도 있었다. 예배 시간에 찾아와 교회 문 앞에서 술을 마시고 큰소리로 유행가를 부르는가 하면 고래고래 소리를 지르며 예배드리는 것을 훼방하기도 했다. 하지만 그렇게 소리 지르고 힘들게 하는 사람들도 무엇을 준다고 하면 가장 먼저 달려와 손을 벌린다. 그러다가 제 성에 안 차면 또 난동을 부렸다.

이 모든 일들을 극복하지 못하면 사실 나사로의집 사역은 불가능하다. 쪽방에 사는 사람들, 노숙자들의 인생을 깊이 헤아리지 못하면

이 사역을 감당할 수 없다. 내가 그래도 이 사명을 감당할 수 있었던 것은 예수님을 만났기 때문이고, 나도 그런 험한 세월을 겪었기 때문이었다. 인생의 아픔이 많은 자들은 세상을 향한 분노도 그만큼 크다. 나는 그 아픔, 그 분노를 받아주는 것이 사역이라고 생각한다. 예수님이 그렇게 하셨다.

조심할 것

가난한 자들 앞에서 돈 있는 체하지 말 것
아픈 사람들 앞에서 건강 자랑하지 말 것
걷지 못하는 자들 앞에서 함부로 달리지 말 것
하나님이 보고 있으니 아무도 없을 때 바로 살 것

사역

예수님은 연약한 인생들을 받으셨다
헐벗고 굶주린 자들
앞을 보지 못하고 걷지 못하는 자들
귀신 들려서 고통받는 자들
종려나무 가지 흔들면서 "호산나" 외쳤지만
"십자가에 못 박으라" 소리친 자들
그들의 연약함을 받으셨다

상처

누구에게나 상처는 있다
처절하게 깨어진 내 인생의 상처
갖고 있지 않은 이 없다

상처는 치료받아야 한다
상처를 그대로 두면
부정적인 사람이 된다

상처를 딛고 일어나야 한다
아픔을 당했으니
아픈 이들의 아픔을 아파해 주어야 한다

반갑지
않은 손님

속이 쓰리고, 가슴이 울렁거리고, 체중이 점점 줄며 몸이 자꾸 말라갔다. 아무래도 몸 상태가 이상하다 싶어 세브란스 병원 내과에서 위내시경 검사를 했다. 검사 결과를 확인하기 위해 병실 앞에서 차례를 기다리고 있는데 뭔가 마음이 이상하다. 몸이 안 좋아 평상시에도 병원에 자주 오지만 오늘은 이 기다림의 적막이 왠지 무서운 느낌이 든다. 이 기분이 뭘까?

그 느낌이 현실이 되었다.

아내는 우리가 운영하는 서울역 앞 부스 점에서 기다리고 있다가 내가 다가가자 궁금해 하는 눈빛으로 쳐다보았다. 나는 아내 앞에서 말문이 막혀 얼른 입을 떼지 못했다. 아내는 그런 내 표정을 보면서 결과가 어떻게 나왔냐고 물었다.

나는 최대한 아내를 안심시키기 위해 무덤덤하게 이야기하기로 마음먹고 그냥 먼 곳을 바라보며 "위암이래."라고 말했다.

하지만 의지와 달리, 내 눈에서 눈물이 왈칵 쏟아진다.

아내도 위암이라는 말에 망치로 한 대 얻어맞은 듯 멍한 표정을 짓더니 같이 눈물 흘리며 울음을 터트린다.

나는 늘 아내의 눈에 눈물을 흘리게 만드는 것 같다.

며칠 후, 아내와 함께 병원엘 갔다. 의사는 1차로 위의 일부분만 절제해 보자고 했다. 의사 말대로 위 일부를 절제하기로 하고 입원했다.

수술 전날, 모두가 잠든 시간에 병원 복도에 홀로 나와 조용히 삶을 돌아보았다. 혹 내일 수술이 잘못되면 오늘 이 밤이 마지막이 될 터인데…….

잠자는 시간도 아까웠다.

'조금 더 잘 살 걸.

조금 더 하나님 앞에 온전하게 살 걸.

조금 더 화내지 말고 살 걸.

조금 더 쪽방 사람들을 사랑할 걸.

조금 더 나누어 주며 살 걸.

조금 더 아내와 아이들에게 노력하며 살 걸…….'

그런 후회 가운데 기도가 나왔다.

"하나님, 죄송하지만 저에게 조금 더 시간을 주세요."

지금까지 주어진 수많은 시간 중에 그냥 무심하게 헛되이 버린 시간들이 너무 아쉬웠다. 그래서 나에게 다시 생명이 허락된다면 그 '조금 더'를 실천하며 살겠다고 맹세했다.

다행히 1차 수술은 잘 되었다. 그러나 몇 개월 후, 암이 전이되어 바로 위 전체를 절제해야만 했다.

급하게 다시 재수술에 들어가 위 전체를 잘라내고 입원실로 돌아왔다. 위를 다 잘라냈기 때문에 몸 상태가 말이 아니었다.

그래도 감사히 수술은 잘 되었다고 한다.

하지만 퇴원을 앞두고 몸에 이상이 생겨 물도 마실 수 없게 되어 금식에 돌입했다. 나는 무려 1개월 이상을 금식해야 했다. 목이 타서 견딜 수가 없었지만 계속 금식을 해야 했다.

퇴원을 하루 앞두고 조카가 병문안을 왔다. 그런데 갑자기 출혈이 생겨 입으로, 코로 피가 물 흐르듯 쏟아져 나왔다. 침대 시트가 피범벅이 되고 병실 바닥까지 흥건했다.

나는 곧바로 수술실로 옮겨져 재수술을 받았다. 의사는 수술한 곳이 터져서 출혈이 일어났다고 말했다. 겨우 위기를 모면하고 스텐트를 끼운 채 계속 금식하며 2개월을 치료받은 후에야 퇴원할 수 있었다.

퇴원할 때는 스텐트를 제거해야 했는데 수술실에 들어가 스텐트를 제거하려고 보니 스텐트가 없었다. 있어야 할 자리에서 사라진 것이다. 스텐트는 변으로도 빠져나갈 수 없기 때문에 여러 차례 살피며 찾았지만 허사였다. 결국, 스텐트를 찾지 못하고 퇴원했다.

병원 측에 따르면 이런 일이 처음이어서 논문에 기재할 사항이라고 말했다. 몸속에 삽입했던 스텐트는 지금까지도 찾지 못했다. 그러나 아무런 부작용 없이 내가 무사하니 이것은 하나님의 은혜라고 말할 수밖에 없다.

스트레스

하나님은 인생들에게 평안한 마음을 주셨는데
인생들은 왜 이리도 평안하지 못할까
어느 한 날도 머릿속이 개운한 적 없으니
머릿속 혼란이 육체로 전해지고
육체는 괴로워 비비 꼬는데
죽음을 재촉하는 병이 달려든다
단 하루를 살더라도 평안히 살아라
스트레스 없이 평안히 살아라
지지고 볶는다 하여 되는 일 하나도 없다
남에게 고통 주지 말고
예수님 믿고 착하고 선하게 살아라

암

인간의 영혼을 부패시키고
인간의 육체를 파괴시키는 현대의 괴물
암이다
오늘도 수많은 사람들이 암으로 쓰러진다
세상을 떠난다
나는 이 암을 이기고 지금까지 산다
어디 내 혼자의 힘으로 이겼을까
가족들, 의사들, 간호사들……
뭉쳐야 산다는 교훈은
암이 판치는 세상에서도 유효하다

로봇의 힘

기계라고 얕볼 게 아니다
사람보다 더 정확하게 판단하고
더 정교하게 수술한다
기계라고 얕볼 게 아니다
사람들은 정신 차려야겠다

하나님의
반전

남들보다 신장 기능이 10퍼센트만 사용 가능한 나는 늘 고혈압을
조심해야 했다.

'언젠가 나는 고혈압으로 죽을 거야.'

그러다 당뇨병이 생기고 난 후에는 '당뇨로 죽을 수 있겠구나.'라
고 걱정하며 살았다. 그런데 갑자기 한 번도 생각해 보지 않은 위암에
걸렸다.

다행히 수술은 잘 되었지만 투병 생활은 만만치 않았다. 무엇보다
정신적으로 많이 무너져 내렸다.

그래도 살고 싶은 내 의지가 그 힘든 과정을 이겨내게 했다. 하나
님의 은혜로 암은 더 이상 재발되지 않았다.

위암으로 위를 다 절제하고 나니 체중이 30킬로그램이나 줄면서
몸이 앙상하게 뼈만 남은 상태가 되었다. 너무 기력이 없어서 걸음도

제대로 걸을 수 없었다.

주위 사람들은 그런 나를 걱정해 주었다.

그런데 몸에 힘은 없지만 새로운 변화가 생겨나기 시작했다. 살이 하나도 안 남은 내 몸에 당뇨가 잡히고 혈압이 관리가 가능한 수치로 돌아온 것이다.

그렇게 평생 고혈압, 당뇨와 싸웠는데 이제는 두 가지 병이 모두 어느 정도의 약으로도 관리가 되기 시작한 것이다.

나는 아내에게 힘없이 웃으며 농담을 건넸다.

"여보, 하나님이 의사신 줄 알았는데 헬스장 트레이너도 하시는 것 같아."

"그게 무슨 말이에요?"

"백약이 무효처럼 평생 고혈압과 당뇨로 걱정했는데 수술 후 살이 빠지니 이제는 암도 잡히고 고혈압도 잡히고 당뇨도 잡혔지 뭐야. 그러니 하나님이 의사시기도 하면서 헬스 트레이너시잖아."

아내가 웃는다.

얼마 만에 보는 웃음인가?

나는 왜 나에게 이런 일들만 생기냐고 그렇게 하나님을 원망했는데 하나님은 암이라는 그 몹쓸 병을 가지고 세 가지 병을 한꺼번에 치유해 주셨다.

나는 이렇게 하실 그분의 뜻을 몰라서 원망만 했는데 하나님은 그런 내 모습에 섭섭해 하지 않으시고 나를 고쳐주셨다.

아무것도 모르면서 원망만 했던 내 모습이 부끄럽고 죄스럽다.

정말 부끄럽다.

이제 기력을 회복하면 다시 열심히 쪽방을 섬기며 남은 인생 주님의 은혜에 보답하며 살아야겠다.

암은 내게 다른 삶의 치료제였다. 누가 감히 이걸 상상이나 했을까?

하나님의 반전이 놀랍다.

참목자

예나 지금이나
예수님이 찾으시는 하나는 참목자
내 생명처럼 양을 먹일 목자
지금 어디 있는가 참목자여
양가죽 벗겨 팔아먹고
양고기로 배불리는 거짓 목자들이여
참목자 찾으시는 예수님 음성
지금 들리는가

병

생로병사는 곧 인생이다
병 없이 살면 얼마나 좋을까
병상에 누워 신음하면서 바라보았던
세상의 풍경들은 얼마나 사모하던 풍경들인가
인생 살아보니
이길 수 있는 병들은 모두 다 스승이었다
인생은 병상에서 겸손해지고
참된 인격은 병상에서 다듬어진다

또 다른 시련

　기력이 어느 정도 회복되자 나는 다시 쪽방촌에서 사역을 이어 나 갔다. 기쁨도 있고, 슬픔도 있고, 원망도 있고 감사가 넘치는 그 사역 을 통해 하나님의 사역자로 한 걸음 한 걸음 더 나아가고 있었다.

　그러던 어느 날, 아내와 함께 교회에서 예배를 마치고 집으로 오는 데 갑자기 어지럽더니 말이 어눌해지고 발걸음이 이상해졌다. 아무 래도 몸 상태가 이상하다고 말하자 아내가 걱정스러운 얼굴로 부축 해 주었다. 아내에게 기대어 평소에 다니던 교회 가까운 곳에 있는 최 내과로 갔다. 의사는 검진을 하더니 집에 들르지 말고 당장 택시를 불 러 타고 대학병원으로 가라고 했다.

　우리는 곧바로 세브란스 병원 응급실로 갔다. 도착하자마자 검사 를 했고 그 결과, 바로 입원을 해야 했다. 병명은 뇌경색이었다. MRI 검사 결과, 뇌 절반이 죽어 있다고 한다.

　'마른하늘에 날벼락'이라고 세상에 이런 일이 생길 수 있을까?

욥기의 욥의 내용이 성경에만 있는 줄 알았는데 그 삶이 나에게도 있는 것 같다.

'하나님, 제가 그렇게 큰 잘못을 한 겁니까?'

순간적으로 화가 내 안에서 올라왔다.

그런데 그 순간, 내 머릿속에 떠오르는 한 단어가 있었다.

'반전.'

또 다른 내 안의 내가 나에게 말을 걸어온다.

'이번에도 하나님의 뜻이 있을 거야. 넌 너의 삶을 통해 늘 그분의 은혜를 경험하잖아. 이번에도 뜻이 있을 거야.'

그 생각이 들자 내 마음에 믿음과 평안함이 찾아왔다.

또다시 투병 생활이 시작되었다. 이번에는 2개월 후에 퇴원했지만 왼쪽 팔다리를 움직이지 못했고 눈도 감기지 않았다. 나는 세브란스 병원과 경희 한방병원을 오가며 몇 개월 동안 치료를 진행했다. 그러자 몸이 어느 정도 회복되어 안정을 찾을 수 있게 되었다.

이후 제대로 걷지 못하고 밥도 잘 먹지 못하니 그나마 조금 있던 살이 더 빠졌다. 더욱이 말도 제대로 못하니 누가 보더라도 중환자였다.

몸과 마음은 힘이 들었지만 그래도 나는 소망의 끈을 놓지 않았다. 역전의 하나님에 대한 소망을 포기하지 않았다.

"여러 계시를 받은 것이 지극히 크므로 너무 자만하지 않게 하시려고 내 육체에 가시 곧 사탄의 사자를 주셨으니 이는 나를 쳐서 너무 자만하지 않게 하려 하심이라 이것이 내게서 떠나가게 하기 위하여 내가 세 번 주께 간구하였더니 나에게 이르시기를 내 은혜가 네게 족

하도다 이는 내 능력이 약한 데서 온전하여짐이라 하신지라 그러므로 도리어 크게 기뻐함으로 나의 여러 약한 것들에 대하여 자랑하리니 이는 그리스도의 능력이 내게 머물게 하려 함이라."(고후 12:7-9)

풍랑 속의 빛

한 척의 배 같은 우리의 인생
어떤 배는 항구를 떠나서 순항하고
떠났던 항구로 다시 돌아온다
그러나 많은 배들이
거센 풍랑을 만나 좌초되어
그리운 항구로 돌아오지 못한다
앞이 안 보이는 풍랑 속에서
여전히 등대의 불빛으로 빛나는
우리 주 예수 그리스도
거센 풍랑의 밤에는
그 빛이 더욱 밝게 빛난다

치료하시는 예수님

내 또 다른 이름은
'걸어 다니는 병원'
목뼈가 부러지고 콩팥이 썩고
암이 공격하고 뇌졸중이 공격하고
고혈압이 괴롭히고……
그래도 내가 팔십 넘게 사는 것은
치료하시는 예수님이
항상 나와 함께하심이라

길을
헤매는 나

오랜 재활 치료로 인해 어눌한 말도 잡혔고, 조금씩 활동을 할 수 있게 되었다. 몸이 조금 회복되자 나는 바로 쪽방에 나가 사역을 하려고 했다. 아내와 아들이 펄쩍 뛰며 말린다. 나는 괜찮은데 아들과 아내가 걱정이 큰 것 같았다.

목사가 강대상에서 설교하다 죽는 게 소원이라면 나에게는 쪽방촌에서 사역하다 죽는 게 소원이었다.

그래서 내 몸은 내가 지키니 걱정하지 말라고 호언장담한 후, 쪽방촌에 나가 사역을 했다.

어느 날 저녁, 일을 마치고 퇴근을 하는데 갑자기 집을 찾을 수가 없었다. 분명 집 근처인데 마치 귀신에게 홀린 것처럼 집을 찾지 못하고 계속 그 주변을 헤매고 다녔다. 방향을 분간할 수가 없었다.

여기 같은데 가보면 아니고, 분명 여기인데 하면 그곳도 아니었다.

내 스스로 너무 당황하고 놀랐다. 이런 경험은 처음이었다.

'이게 뭐지? 내가 왜 이러지…….'

갑자기 이 상황이 무서워졌다.

그렇게 우왕좌왕하고 있는 내 모습이 이상해 보였는지 지나가는 사람이 나에게 괜찮은지 물어왔다.

"아저씨, 괜찮으세요?"

당황하니 치료가 되었다고 생각했던 말도 더 어눌하게 나왔다. 내 행동을 보고 그 사람이 경찰서에 신고를 해 주었다.

나는 경찰의 도움을 받아서 겨우 집에 올 수 있었다.

아내는 경찰과 함께 집에 돌아온 나를 보고 놀라서 또 눈물을 보인다. 나는 또 아내의 눈에서 눈물을 흘리게 했다.

나는 한 번 길을 잃은 후부터는 일주일에 한 번 이상은 길을 잃고 집을 찾지 못해 헤맸다.

병원에서 MRI 사진을 찍었다. 검사 결과, 뇌에 문제가 발견되었다. 알츠하이머였다.

의사는 이 정도면 거동이 불가능하며, 대소변도 스스로 볼 수 없다고 했다. 그런데 이런 몸으로 병원까지 걸어온 것이 신기하다고 한다.

설상가상으로 어느 순간, 눈도 잘 보이지 않았다.

MRI 사진을 들고 이번에는 서울대 병원으로 갔더니 뇌가 많이 손상되었기 때문에 시력이 점점 더 나빠질 거라고 한다.

나에게 더 나빠질 것이 뭐가 있을까 했는데 아직 나빠질 것이 남아 있었나 보다. 점점 내 몸이 이제는 모두에게 짐만 되어 가는 느낌이 든다. 그 느낌이 나를 괴롭히고 잠 못 이루게 한다.

나이

그 누가 가는 세월을 막을 수 있을까
한 살 두 살 더해지는 나이를
먹지 않겠다고 외면할 수 있을까
백세 시대가 되었다 하여도
더해지는 나이는 외면할 수 없다
어두워지는 눈도
점점 약해지는 몸도
사람의 힘으로는 어찌할 수 없다

풀의 꽃

풀의 꽃은 아침에 피었다가
저녁에는 시들어버리나이다
우리의 연수가 칠십이요
강건하면 팔십이지만
연수의 자랑은 수고와 슬픔뿐이요
신속하게 가니 날아가나이다
이 어찌 모세만의 고백일까
인생은 풀의 꽃과 같다

그날이 오기 전에

해 저무는 그날이 오기 전에
해처럼 웃으며 살아보자
달도 빛을 잃을 그날이 오기 전에
달처럼 어두운 세상을 밝혀 보자
그날이 오기 전에
기쁨을 주는 작은 꽃 한 송이 되어 보자

다른 나라

알고 보면 다른 나라가 따로 없다
하나님이 창조하신 모든 나라다
하나님이 창조하신 모든 사람들이다
말이 다르고 풍습이 달라
처음에는 서먹서먹하고 남 같지만
살고 보면 이사한 것 알게 된다
이 동네에서 저 동네로
생활 터전을 옮긴 것 느끼게 된다

새로운
도전

나는 과일을 좋아한다. 그러나 의사들은 신장에 해롭다며 과일을 일절 못 먹게 했다. 과일을 빼면 그다지 먹고 싶은 음식이 없다. 하지만 신장병에 치명적이라 하니 애써 참고 있다.

이같이 먹고 싶은 것을 참아가며 노력하고 있는데도 요즘 몸 상태가 하루가 다르게 나빠지고 있다. 그러나 이대로 있을 수만은 없었다. 특히 우리 부부는 마지막 남은 처소인 집을 담보로 생활비를 받는 역모기지론을 하고 있었다. 나는 역모기지론으로 10년 정도 더 살면 하나밖에 없는 작은 집이 사라질 걸 알고 있다. 그렇게 되면 내가 죽고 난 뒤 아내는 아들에게 다시 손을 벌릴 수밖에 없다는 생각을 하니 대비를 해야만 했다.

나는 아내와 의논 끝에 집을 팔아 그동안 매월 받았던 역모기지론 금액을 갚고 남은 빚들을 모두 정리하기로 했다.

이렇게 결정하고 나서 곧바로 집을 내놓았다. 아내와 나는 잠자리에 들기 전에 집을 속히 매매하게 해 달라고 간절히 기도했다.

하나님은 자녀가 애타게 부르짖는 기도에 응답해 주셨다. 집이 팔리게 된 것이다. 너무 감사했다.

집 판 금액에서 그동안 역모기지론으로 두 노인네가 받은 금액을 우선 변제하고 큰 아들이 청과사업할 때 내 동생들에게 빌린 돈도 갚았다. 이자는 주지 못하고 원금만 갚았지만 우리 부부가 죽기 전에 큰 짐을 벗게 되어서 무엇보다 기뻤다.

큰 아들에게는 장사할 가게를 마련해 주었다. 늘 미안하고 마음 아픈 것은 호주에 살고 있는 작은 아들과 며느리다. 그 애들은 우리 부부를 살뜰하게 보살펴주었지만 정작 우리는 아무것도 해 준 게 없다. 그 애들을 생각하면 항상 미안하고 마음이 아프다.

작은 아들은 싫다는 내색 한 번 하지 않고 지금까지 우리 부부와 형을 위해 희생하는 생활을 해왔다. 특히 며느리는 하나님이 보내주신 목사 사모다. 온유하고 사랑이 가득한 천사 며느리는 내게 친딸 이상의 의미다.

잘해주는 사람이 늘 손해를 보듯이, 작은 아들 내외는 부모와 형을 위해 항상 손해를 보며 산다. 그래서인지 하나님은 이 애들에게 축복을 많이 주셨고 지금도 계속 부어주고 계신다. 작은 아들의 가정은 늘 행복하여 보기에 참 아름답다. 아름답게 살아가는 그들에게 감사를 표하고, 하나님께 감사드린다.

노년의 방황

젊은 시절엔
어느 길이 옳은지 몰라
방황한다
나도 그랬다
그러나 그때는 내 의지로 했던
방황이었다
하지만 노년의 방황은
스스로 하는 방황이 아니다
기억이 사라지고
눈이 안 보여서 하는 방황이다

선을 베풀라

선을 베풀면 잘 된다
인생을 살아보니 그 법칙이 발견된다
욕심이 많으면
돈을 모으는 것 같고
성공하는 것 같다
그러나 나이가 들어서 보면
선을 행한 자들이 잘 된다
선을 행하라

작은 아들 내외에게

인간은 희망으로 사는 동물이란다
가진 것 하나 없다 하여도
희망이 있으면 살 수 있단다
너희들은 언제나 우리의 희망이었고
지금도 가장 큰 희망이구나
우리가 세상을 떠난 후에도
너희들은 이 세상의 희망이 되어라

큰 아들에게

항상 최선을 다하지만
어려움을 많이 겪어야 했던 네 모습
마음이 아플 때가 많다만
소망의 날은 이미 찾아왔구나
너는 항상 툭툭 털고 일어나며
세상을 긍정적으로 바라보는
멋진 우리의 아들이다
불타는 정의감
뜨거운 의리
일평생 버리지 말아라

CHAPTER 4

꿈

결단

집이 팔리자 속히 살 집을 구해야만 했다. 이리저리 쪼개고 남은 돈으로 서울에서 집을 장만하는 일은 엄두도 낼 수 없었다. 다른 지역으로 가야 하는데 내 건강상 서울이 가깝고 종합병원이 있는 지역이라야 했다. 더군다나 그동안 남산 산책을 즐겼던 우리는 남산 밑과 같은 곳에 위치한 그런 집을 구하고 싶었다. 집을 구하러 지방으로 다니던 중 한 번은 1호선 전철을 타게 되었다. 많은 사람들이 진달래 축제에 간다며 부천역에서 하차한다.

우리도 충동적으로 사람들을 따라 부천역에서 내렸다. 사람들의 행렬을 따라 진달래 축제장에 도착하니 진달래꽃이 너무 아름답게 피어 있었다. 진달래 축제가 열리는 산길을 따라가 보니 둘레 길이 아름답게 펼쳐져 있었다. 이 길은 부천 원미동 산으로 이어져 여러 곳으로 잘 펼쳐져 있었다.

우리 내외는 '이곳이다!' 생각하고 부천을 이사 후보지로 선택했다. 그날은 진달래 축제를 즐기고 이튿날 다시 부천을 방문했다. 전철역에 내리니 부천역 마루 광장이 무척 인상적이었다. 부천은 전철로 서울까지 30분 거리고, 특히 급행 지하철이 운행되고 있어서 교통이 아주 편리했다.

원미산도 서울 남산 못지않았고, 중앙공원을 비롯해서 많은 공원들이 있었다. 종합병원인 부천성모병원, 순천향병원이 있고, 서울 청계천과 같은 심곡천도 있었다. 원미종합시장 등 대형 시장도 있어서 물가도 생각보다 저렴했다. 서민들이 살기에는 쾌적하고 좋은 곳이었다.

우리는 부동산에 들러 부천에 대한 소개를 자세히 듣고, 부천이 아주 좋은 도시라고 생각했다. 부동산에서는 우리가 원하는 집을 소개해 주었다.

서울에서는 24평 정도의 오래된 아파트 전세 값도 안 되는 돈으로 이곳에서는 작은 다세대 주택을 살 수 있었다.

다세대 주택이니 작게나마 월세를 받을 수 있어서 더 이상 내 아내가 아들에게 손을 벌리지 않아도 살 수 있었다.

첫 번째로 보여 준 집이 마음에 들어 다음날 바로 계약을 했다. 우리는 서울 생활 70년을 마감하고 그렇게 경기도 부천시 원미동으로 이사를 했다.

부천 진달래 축제

핑크빛 찬란한 계절에
모처럼 꿈 많던 분홍의 동산을 거닌다
먼 옛날 진달래 따먹고
꿈을 꾸었던 추억들이
무수한 진달래처럼 피어나고
우리의 새로운 인생 출발을 알린다
다시 진달래 피는 봄이다

이사

현명한 사람은
항상 이사할 준비를 한다
누군가가 그렇게 말했다
조각 이사 많이 했지만
서울 생활 70년을 접고
부천으로 오니 감회가 새롭다
다시 유년으로 돌아간 기분이다

새로운 장소에서

어떤 영감이 떠오르는 곳
모든 것이 새롭게 다가올 때
내 인생도 새로워졌다
이제 여기서 얼마나 살까 생각하니
문득 나그네 인생이 깨달아진다
가장 새로운 장소
저 천국이 생각난다

하나님의 예비하심

은밀하신 하나님의 예비하심을
우리 인간은 알 수 없다
우리가 걷는 인생길 한 발자국 한 발자국
모두 다 하나님의 예비하심 가운데 있다
쉬지 않고 기도하며
하나님 뜻대로 살면
천국 가는 그날까지
놀라운 예비하심 경험하며 기쁘게 살 수 있다

부천
생활

부천으로 이사 오고 난 후, 얼마 지나지 않아 나의 기억력은 현저히 쇠퇴했다. 이러다 보니 집을 나가면 집을 찾지 못하고 하루 종일 헤매다가 경찰의 도움으로 경찰차를 타고 집으로 돌아오는 일이 비일비재했다.

어느 때는 대소변까지 가리지 못해 기저귀를 차고 생활해야 했다.

정신이 온전히 돌아올 때 이런 나를 지극정성으로 돌보는 아내를 보면 너무 슬퍼서 혼자 몰래 울기도 많이 울었다.

아내는 더 심해져도 좋으니 제발 죽지만 말아 달라고 온갖 정성을 다해 나를 돌보아 준다. 이런 모습이 내 마음을 더 아프게 한다.

복용 중인 이런저런 약에다 병원에서 치매 판정을 받고 치매약이 추가되니 약에 취해 정신이 몽롱하고 속까지 쓰려 식사도 할 수 없을 정도가 되었다.

나와 동갑인 아내도 81세가 되니 몸 여기저기에 이상이 와서 요즘에는 나를 간병하는 일이 무척 힘들어 보인다. 그 모습이 너무 애처로 워서 눈물이 난다.

우리의 사정을 아는 주변인들의 도움으로 노인요양센터를 통해 요양 보호사가 오게 되었다. 매일 집을 방문하여 하루 세 시간씩 나를 도와주고 있다. 요양 보호사의 도움을 받으니 한결 낫다.

나는 요양 보호사의 도움을 받으며 정신이 맑을 때 틈틈이 생각을 정리하고 있다. 부디 정리를 잘 마무리 지을 수 있도록 그때까지만이라도 꼭 살려주시고 건강을 허락하셨으면 한다.

이제는 시력도 많이 나빠져서 사물의 형체만 희미하게 보일 뿐이다. 하나님께서 왜 나에게 이 같은 고통을 주시는지 때로는 투정이 나올 때가 있지만 그때마다 내 어리석음을 회개한다. 나는 받은 것이 너무나 많기 때문이다. 그래서 나는 끝까지 나의 십자가를 잘 지게 해달라고 기도한다.

또 가족들에게 더 이상 큰 짐이 되지 않도록 기도한다. 나를 알고 있는 모든 지인들에게도 끝까지 소망의 사람으로 기억되기를 기도한다. 하나님은 그렇게 해 주실 것을 굳게 믿는다.

주님은 지금까지 나의 모든 기도를 들어 주셨다. 놀라운 은혜를 주셨다. 그리고 너무 많아 받아서 교만하지 말라고 병이라는 가시를 주셨다. 나는 이것을 잘 알고 있다. 끝까지 승리하리라 믿는다.

부천

강원도에서 태어나 유소년기를 보내고
서울에서 청장년기를 보냈다
부천은 노년기를 위해 온 장소다
나서 자라고 활동하고 마침내 정리한다면
부천은 내 인생이 정리되는 장소다
이곳에서 내 인생을 마무리하리라
꿈에도 생각해 본 적이 없다
아브라함에게 "너는 가라"고 명령하신 하나님이
"너는 가라"고 명령하신 마지막 정착지
이 땅과 이웃들을 사랑하리라

노년의 풍경

어린 시절
백발이 된 할아버지와 할머니들이
구부정한 허리에 지팡이를 짚고
걸어 다니는 모습을 보았다
그 모습들은 하나의 풍경에 불과했다
그러나 살아보니 단순한 풍경이 아니다
눈도 침침하고 방향 감각도 없고
몸의 기운은 점점 소진되고
지병은 더욱 아프게 찌른다
하늘 가는 밝은 길이 없다면
이 풍경들은 얼마나 우울한 풍경들인가!

하나님 나라

청춘의 날들이 가물거리고
지난날의 시간들이 애틋하게 달려오고
현실이 한없이 무력하게 느껴질 때
노인의 우울과 고독을 생각한다
내가 예수님을 믿지 않았다면
이 고독, 이 우울, 이 절망을
어떻게 극복할 수 있었을까 생각하니
나를 부르신 주님의 은혜가 너무 감사하다
저 하늘나라가 나를 기다리고 있으니
언제 이 지상을 떠나든 그날은
내 인생이 영원한 축복의 나라로 가는
내 인생 최고의 날이 될 것이다

아내는 내 친구

인생에서 친구는 얼마나 중요한가
즐거울 때는 기쁨 나누고
슬플 때는 고통 나누고
친구는 어깨동무하고 같이가는 벗이다
나이가 들어보니
끝까지 함께하는 친구가 필요하다
아내는 끝까지 같이가는 친구다

이별

위암 수술과 뇌졸중 등으로 활동을 못하고 매일 집에서 무력하게
지내고 있을 때였다. 큰 아들이 아버지 외롭다고 강아지 한 마리를
사왔다. 흰색 몰티즈로 이름은 '산수'라고 했다. 무척 예쁜 강아지
였다.

외롭게 지내던 나에게 좋은 친구가 되었다. 내가 강아지와 잘 놀고
생각 외로 강아지를 너무 예뻐하자 큰 아들이 같은 종으로 한 마리 더
사왔다. 이름이 '롯도'였다. 산수는 13살이고, 롯도는 산수보다 한 살
적은 12살이었다. 산수는 아내를 많이 따르는 반면, 롯도는 나를 많
이 따랐다.

나들이를 하거나 산에 갈 때면 산수는 아내 곁을 떠나지 않았고,
롯도는 항상 내 곁을 지키며 나를 졸졸 따라다녔다. 나와 아내는 롯도
와 산수를 가족으로 생각했다. 네 식구가 한 집에서 행복하게 살았다.

나와 아내는 예전부터 강아지를 좋아했었지만 키울 여력이 없었다. 강아지 두 마리가 집에 온 후로는 집안이 전보다 훨씬 더 활기찼고 사람 사는 온기가 돌았다.

2018년 12월, 우리는 강아지 둘만 집에 두고 고향엘 다녀오게 되었다. 평소에도 하루 이틀 집을 비운 적이 있었지만 강아지는 자기들끼리 집을 잘 지키며 놀았다. 그래서 이번에도 충분한 양의 먹이와 물을 챙겨 놓고 외출을 했다. 하지만 우리가 미처 생각하지 못한 것이 하나 있었다. 12월인데다 우리가 고향에 간 이틀 동안 날씨가 갑자기 추워졌다. 우리가 집에 있을 때는 보일러를 켜기 때문에 집안 온도가 일정하게 유지되어 항상 집안이 훈훈하고 생활하기에 적합했다. 그러나 이번에 고향에 갈 때는 거기까지 생각이 미치지 못하여 보일러를 꺼놓았다. 그런데 날씨가 예상 외로 추워져서 갑자기 기온이 뚝 떨어진 것이다.

집에 도착하니 강아지들이 거실에서 옹크린 채 사시나무 떨듯 떨고 있었다. 이틀 동안 추위에 얼마나 떨었는지 강아지들은 전과 다른 모습이었다. 그러나 우리를 보자 반가워서 어쩔 줄을 몰라 했다.

그렇게 밤을 보내고 다음날 일어나보니 롯도의 상태가 이상했다. 기침도 하고 표정도 몹시 지쳐 보였다. 나는 곧바로 롯도를 데리고 단골 동물병원으로 갔다. 진찰 결과, 심장이 좀 나쁘다며 3일치 약을 처방해 주었다. 다행이다 싶었다.

그러나 밤이 되자 롯도는 숨을 가파르게 내쉬며 무척 괴로워했다. 그러한 증상은 밤늦도록 계속되었고 점점 더 심해졌다. 녀석의 괴로워하는 모습은 우리 마음을 아프게 했다. 밤중이 아니라면 동물병원에 달려가서 안락사라도 시켜서 편히 잠들도록 해 주고 싶었다. 하지만 밤중이라 그러지도 못하고 아내와 번갈아 가며 롯도를 가슴에 안고 토닥여 주었다.

자정쯤 우리도 지쳐 있었다. 특히 나는 더 이상 앉아 있을 수 없을 정도로 피곤함을 느꼈다. 그래서 우리 내외는 롯도 집에 롯도를 눕히고 잠자리에 들었다.

새벽 일찍 잠에서 깨자마자 나는 아내에게 롯도의 상태부터 물었다. 그러자 아내는 떨리는 목소리로 지난밤에 "롯도가 죽었다."고 말했다. '죽었다'는 말에 큰 충격이 느껴졌다.

새벽 2시쯤, 자던 아내가 롯도가 걱정되어 롯도 집을 들여다보았더니 눈도 감지 못한 채 죽어 있더라는 것이다. 아내는 롯도의 두 눈을 손바닥으로 쓸어내려 감겨 주고, 평소 롯도가 깔고 덮고 자던 포근한 이불에 정성껏 싸서 비닐봉지에 넣어 창문 밖에 두었다고 말했다.

즉시 문을 박차고 나가 보니 롯도는 이불에 싸여 비닐봉지에 담긴 채 추운 밖에 덩그마니 놓여 있었다. 이 모습을 본 내 마음은 북받치는 슬픔으로 어찌할 바를 몰랐다. 그동안 녀석과 함께했던 시간들이 주마등처럼 스쳐 지나가면서 왈칵 설움이 솟구쳐 올랐다.

하지만 이대로 있을 수만은 없었다. 나는 롯도가 담긴 비닐봉지를 거실로 가지고 들어와 두꺼운 비닐봉지에 이중으로 싸서 배낭에 정성껏 넣었다. 그리고 날이 밝자 철물점에 가서 야전 삽 하나를 구입했다.

아침 식사를 대충한 다음 롯도가 들어 있는 배낭을 메고 평소 우리가 즐겨 찾던 산으로 향했다. 도중에 나는 시장에 들러 평소 롯도가 잘 먹었던 군밤, 닭고기 캔, 북어를 샀다.

봉지를 들고 아내 뒤를 따라가던 나는 아내에게 배낭을 달라고 했다. 아내는 롯도의 마지막 가는 길을 가까이서 배웅해 주고 싶은 나의 마음을 헤아리고 있었지만 내 몸 상태를 염려하여 자기가 메고 가겠다며 주지 않았다. 그러고는 배낭을 멘 채 앞서서 부지런히 걸었다. 나는 하는 수 없이 아내에게 배낭을 맡기고 뒤를 따라 산을 올랐다.

롯도를 메고 가는 아내의 뒷모습을 눈으로 쫓으면서 나는 주책없이 자꾸만 솟구쳐 오르는 눈물을 훔쳐야만 했다. 산에 올라보니 겨울이지만 갈잎으로 인해 땅이 꽁꽁 얼어 있지 않아서 땅을 파는 데 큰 어려움은 없었다.

땅을 깊숙이 파고 그곳에 롯도를 눕혔다. 나는 쪽방 사역을 하면서 여러 사람들의 마지막 가는 모습을 지켜보았다. 롯도의 죽음이나 사람의 죽음이나 다른 게 없었다. 시체는 굳어버렸고, 호흡도 떠나버렸다. 이 지상을 떠나 새로운 세상으로 간 것이다. 인간의 영혼은 낙원으로, 짐승은 흙으로 돌아간다. 그리고 함께했던 우리의 마음에 슬픔을 남긴다. 그러나 남겨진 우리도 언젠가는 이 길을 갈 것이다.

나와 아내는 준비해 간 음식들도 롯도와 함께 묻어주었다.

롯도

강아지 롯도가 떠나던 날
나는 그 슬픔을 이기지 못해
어찌할 바를 몰랐다
일개 짐승인데
이렇게 큰 슬픔과
상실의 아픔을 가져올 줄 몰랐다
함께 있을 때 사랑하자
더 사랑하자

이별

누구나 한 번은 죽는다
그러나 그 이후에는 심판이 있다
예수님을 믿었던 영혼들은
영원한 천국으로 간다
그러나 예수님을 거부했던 이들은
끔찍한 지옥으로 간다
종교 이야기라고 생각하지 마라
모든 인간에게 다가오는
엄연한 현실이다

준비하라

우리도 준비해야 한다
우리가 먼저 보낸 영혼들이나
짐승들처럼
우리도 간다는 사실을 잊지 말아야 한다
저 영원한 나라로 간다
육체는 흙으로 돌아간다
순례자여, 준비하라
도적같이 다가올 그날을 준비하라

흔적

정성껏 산에 롯도를 묻고, 하나님께 롯도의 명복을 비는 간절한 기도를 드렸다. 그리고 행여나 다른 짐승들이 롯도의 무덤을 파헤칠까 염려되어 큰 돌을 무덤 위에 올려놓았다. 아울러, 그렇게 해서 롯도의 무덤임을 표시해 두었다.

우리가 이 무덤에 다시 올지 안 올지는 모른다. 그러나 우리에게 즐거움을 주었던 시간들을 생각하면 건강이 허락되는 대로 와서 들여다보는 것이 도리라 생각되었다. 그래서 일부러 그 위에 큰 돌을 올려 표시까지 해두었다.

롯도의 무덤을 보면서 인간의 무덤을 떠올렸다. 인간이 마지막으로 남기는 흔적이라면 흔적이고, 소유지라면 소유지다. 무덤은 말이 없다. 아무리 무덤을 화려하게 해놓았다 한들 그것이 그 무덤 속에 묻힌 주인들에게 무슨 유익이 있을까?

성경을 보면 그 유명한 모세의 무덤을 찾을 수 없다고 나온다. 인생들의 구세주 예수님의 무덤도 없다. 그러고 보니 참으로 훌륭한 사람들은 무덤을 남기지 않은 것 같다.

롯도의 무덤이 이집트 왕들이 만든 거대한 피라미드와 다를 게 무엇인가?

무덤

누구나 가는 마지막 장소
그곳에 마침내 평등과 고요가 있다
잘나고 못나고 잘살고 못살고
따지고 미워하고 싸우고 울고 죽기도 하고……
그러나 이제 모두 입을 다물었다
한 평 남짓한 그곳에서
크게 만들고 금으로 덮개를 씌운들
밤이면 짐승들이 와서 자거나 배설하리라

흙

너는 흙이니 흙으로 돌아가라
하나님의 준엄하신 명령이다
사람이나 짐승이나
결국 한 줌의 흙으로 돌아간다
치열하게 살았다지만
마지막 모습은 한 줌의 흙이다
헛된 욕심 버리며 살자
아름답고 선한 인생 살자

아픔

나는 지금 우울증과 공황장애로 정신과 치료를 받고 있다. 롯도의 죽음으로 우울증이 심해져서 정신과 병원을 찾게 되었다.

의사에게 롯도 이야기를 하다 "눈 내리는 날 롯도가 혼자 있을 생각을 하니 가슴이 아프다."며 흐느껴 울었다. 의사는 자기도 오랫동안 키우던 강아지를 잃고 일 년간 마음이 너무 슬프고 아팠다며 위로해 주었다. 그리고 우울증 약을 처방해 주었다.

아내도 롯도의 일로 우울증에 시달리며 한동안 고생했다. 하지만 더 문제는 롯도의 짝꿍 산수였다. 산수도 롯도가 죽었다는 사실을 아는지 무척 외로워했고, 온종일 롯도의 체취를 찾아다녔다. 그래서 우리 부부는 롯도가 떠난 후부터 산수를 우리 침대에서 데리고 잔다.

우리 부부는 롯도가 살아있을 때는 롯도와 산수를 절대 침대 위에 올리지 않았다. 그러나 롯도가 떠난 후, 산수가 가여워서 침대에서 우리와 함께 자도록 했다.

또한 산수를 이것저것 실컷 먹였다. 롯도가 떠난 후, 사료도 잘 먹지 않고 체중이 눈에 띄게 줄기에 사료도 주고 우리가 먹는 음식도 먹였다.

어느 날, 산수가 피부병에 심하게 걸렸다. 동물병원에 데려갔더니 몰티즈는 사료 외에 다른 것을 먹이면 피부병이 생긴다는 것이었다. 그것도 모르고 우리는 산수를 위한답시고 우리가 먹는 음식을 주었던 것이다. 너무 미안했다.

그 후 아내는 산수의 간호사가 되어 피부병 치료를 위해 정성을 다하고 있다.

큰 아들은 외로워하는 산수를 위해 롯도보다 더 귀엽고 사랑스러운 강아지를 구해서 집으로 보내겠다고 말했다. 그러나 나와 아내는 극구 사양했다. 물론, 예쁜 강아지가 오면 산수가 좋아할 수도 있지만 나는 내키지 않았다. 새로 온 강아지가 더 예뻐서 우리의 사랑을 독차지하면 산수를 더 외롭게 만들 수도 있기 때문이다. 하지만 더 큰 이유는 우리 부부가 또다시 그런 '이별'을 겪고 싶지 않기 때문이다.

그동안 많은 강아지를 길러 보았지만 동물에게 이렇게 애착이 가고, 그 죽음이 슬프고 괴로워 우울증까지 걸려 보기는 처음이었다.

'롯도야, 부디 행복하고 편히 쉬어라. 산수는 우리와 함께 건강하게 잘 지내고 있다.'

롯도의 죽음 이후, 우리에게는 걱정이 하나 늘었다. 우리가 산수보다 먼저 죽으면 어쩌나 하는 것이다. 우리가 먼저 세상을 떠났을 때

산수가 매일 나와 아내를 찾아 헤매는 모습이 상상되어 목이 멘다.

인간이든 짐승이든 늙고 병들면 떠나는 것이 창조주의 창조 원리다. 모든 문제는 하나님께 맡기기로 했다. 누가 먼저 가든지 그 일을 우리 인간이 어찌 해볼 수 있겠는가!

산수야

강아지지만
그래도 너는 우리 식구다
단 한 번도 너를
짐승으로 생각한 적이 없었다
사후에는 헤어질 수밖에 없다고 말씀하시니
너와 우리의 연은 세상이 전부
산수, 너는 그 사실을 알고 있느냐
남은 우리의 삶을 잘 가꾸어 보자

쓸쓸한 세상에서

어찌 생각하면 인생은 쓸쓸하기 그지없다
청춘도 가고 꿈도 소멸한다
모두는 이별해야 하고
남아 있는 자들도 언젠가는 떠나야 한다
그러므로 사는 동안에 사는 것처럼 살자
사랑하면서 아름답고 신나게 살자
쓸쓸한 세상에서 건질 것은 그것 밖에 없다

삶의
이유

좀처럼 아픈 내색을 하지 않는 아내가 며칠 전부터 식사도 잘 못하고 속이 쓰리다며 괴로워한다. 혹시 나쁜 병에 걸린 건 아닌지 걱정된다며 병원에 가보자고 한다. 내가 보기에도 평소와 많이 달라보였다. 다음날 병원에 가서 진찰을 받고 위내시경 검사 예약을 하고 왔다. 내시경을 하면서 조직 검사까지 했지만 그 후에도 계속 속이 쓰리다며 아파했다.

나는 몹시 두렵고 겁이 났다. 나는 아내를 위해 집중적으로 기도했다. 믿음의 기도로 늘 승리하지만 이번에는 기도를 해도 불안감이 사라지지 않았다.

혹시 아내가 암에라도 걸렸다면 어떻게 해야 하나? 여러 가능성을 예상하고 준비해야 하는 나로서는 아내가 죽을지도 모른다는 생각이 들자 눈앞이 캄캄했다. 아내 없이 나 혼자 남은 인생을 도저히 살아갈 자신이 없었기 때문이다.

자살이 죄인 줄은 알지만 자꾸 '자살'이란 단어가 머릿속에 맴돈다.

나는 평소에도 우울증 증상이 있었지만 롯도가 죽은 후에는 그 증상이 더욱 심해졌다. 그런데 아내에게 문제가 생길 수도 있다는 생각이 들자 절벽 앞에 서 있는 기분이 들었다. 나는 아내 없이는 한순간도 살 수 없을 것 같았다. 그러니 아내가 죽는다면 나 역시 내 의지와 상관없이 아내를 따라 죽을 것 같았다.

두려웠다. 정말 아내가 죽을까 봐 두려웠고, 그 상실감으로 내가 잘못된 선택을 할까 봐 두려웠다.

그러던 어느 날, 교회에서 집사님 한 분을 만났다.

"목사님, 건강하시지요?"

"예, 덕분에 잘 있습니다."

"목사님, '교회 오빠'란 영화가 있는데 한 번 보세요.

전 너무 슬퍼서 많이 울었는데 보면서 늘 건강이 안 좋아서 힘들어하시면서도 버티며 사역하시는 목사님 생각이 많이 났어요. 그래서 목사님을 위해 기도했어요.

목사님, 오래오래 건강하게 사셔야 해요."

아직도 나의 안부를 물어주고 기도해 주는 성도들이 감사할 뿐이다.

나는 집사님이 소개한 그 영화가 몹시 궁금했다. 그래서 아내 몰래 '교회 오빠'라는 영화를 보았다.

영화는 나에게 너무 충격적이었다. 끝까지 보려니 너무 마음이 힘들었다. 그럼에도 불구하고 끝까지 버티며 보다가 충격적이고 신앙의 기초가 되는 질문과 대답을 들을 수 있었다.

고 이관희 집사님이 암으로 고통받는 가운데 죽기 바로 전에 피디가 고 이관희 집사님에게 질문을 한다.

"당신은 왜 더 살려고 그렇게 몸부림을 치십니까?"

그 질문은 마치 나에게 왜 자살하면 안 되는지, 고통 가운데서도 왜 더 살아가야 하는지 그 해답을 정확하게 알려주는 것 같았다.

암으로 죽어가던 그때, 그 고통의 순간에 고 이관희 집사님은 이렇게 말한다.

"내가 편하게 살 때는 하나님께 부끄러운 삶이 많았다. 그런데 아이러니하게도 내가 병으로 죽어가는 시점인 지금이 하나님 앞에 가장 온전한 삶을 살고 있다."

그러면서 그는 힘들게 말을 이어 나간다.

"그런데 아직 삶이 서툴고 부족하니 단 하루라도 더 온전하고 충실되게 살다 가고 싶어서 하루하루를 더 살아간다."

고통스러워서 죽고 싶지만 고통 가운데 몸부림치며 그 생명을 이어가는 것이 조금 더 온전하게 주님 앞에 가고 싶어서라는 말이 너무 충격적이었다.

구원의 문제가 아니다.

이미 구원받은 집사님인데 하나님 앞에 온전하게 더 흰옷 입은 모습으로, 더 순결하게 온전한 모습으로 하나님을 맞이하고 싶은 그 마음이 마음으로 느껴지면서 영화를 보다 엉엉 소리 내서 울고 말았다.

하나님이 얼마나 이 아들을 기쁘게 안아주실까.

아내의 죽음이 두려워 고통의 삶을 마감하려 한 내 자신이 너무 부끄러웠다.

세상의 고통이 모두 다 나에게만 주어지는 것 같았는데 그게 아니었다.

조금 더 온전하게 살다 하나님 앞에 가려 몸부림치던 고 이관희 집사님을 보면서 조금 더 온전하게 살려고 노력하기보다는 아직 오지도 않은 미래가 두려워 생을 포기하려는 마음을 먹은 내 자신이 한없이 부끄러웠다.

하루하루 병든 몸으로 살아가면서 우울증으로 인해 스스로 목숨을 버리고 싶은 유혹이 생길 때면 나는 이제 이렇게 기도한다.

"하나님, 온전한 모습 지키게 해 주세요. 조금 있다 저도 하나님 만나러 갈 터인데 온전하지 못하고 더럽혀진 몸으로 주님 만나기 부끄러우니 더 온전해지는 삶, 매일매일 조금 더 온전해지는 그 모습에 도전하며 살다 가게 해 주세요."

하나님의 말씀인 성경에는 아주 중요한 두 인물이 자살을 했다. 한 사람은 이스라엘의 초대 왕인 사울이 자기의 칼을 뽑아 그 위에 엎드러짐으로써 죽었다(삼상 31:4). 그런가 하면 예수님이 택한 열두 제자 중 한 사람인 가룟 유다가 예수님을 은 30냥에 판 후, 양심의 가책을 받아 목을 매 죽었다(마 27:5). 이 두 사람은 모두 다 하나님의 놀라운 은총을 받았지만 자살로 생을 마감한 불행한 인간들이 되었다.

그렇다면 성경은 자살을 어떻게 말하고 있는가? 성경에 "자살하지 말라."는 명료한 문구는 없다. 그러나 자살이 큰 죄악임을 말씀하는 내용은 있다.

고린도전서 6장 18절부터 20절을 보면 "음행을 피하라 사람이 범하는 죄마다 몸 밖에 있거니와 음행하는 자는 자기 몸에 죄를 범하느니라 너희 몸은 너희가 하나님께로부터 받은 바 너희 가운데 계신 성령의 전인 줄을 알지 못하느냐 너희는 너희 자신의 것이 아니라 값으로 산 것이 되었으니 그런즉 너희 몸으로 하나님께 영광을 돌리라." 라고 말씀하셨다.

우리의 몸은 우리 자신의 것이 아니라 예수께서 피를 주고 사신 예수님의 소유기 때문에 우리 마음대로 할 수 없다는 말이다. 그러므로 하나님의 소유된 몸을 스스로 죽일 수 없을 뿐만 아니라 불결하게 관리해서도 안 된다는 것이다.

참으로 이 말씀이 진리다. 살아온 인생을 돌아보면 나의 인생은 예수님의 핏값으로 산 인생이다. 그런데 자살을 꿈꾸다니……. 나의 우울증이 이성을 잃게 만들었던 것이 분명하다.

자살

'자살은 죄인가?'
'자살은 내 인생의 특권인가?'
많은 사람들이 험한 인생길에서
한번쯤 생각해 보는 절실한 주제다
내가 겪어보니 자살은 죄다
그것도 무서운 죄다
부모와 형제들,
가족들에게 영원히 벗을 수 없는
멍에를 지우는 일이다

살아보자

우리에게 주어진 인생
끝까지 힘차게 살아보자
험한 풍파 몰아치고
혹한 설풍 닥쳐와도 까짓것
죽기 살기로 살아보자
참으로 견디기 힘들거든
수고하고 무거운 짐 대신 져주시는
그리스도 예수께 오라
거기에서 평화를 누리리라

슬픈
소식

아내의 건강 문제로 정신이 없을 무렵, 지인으로부터 전화를 받았다. 양로원에 입소시킨 할머님이 세상을 떠나셨다는 비보였다.

양로원에 가는 것도 중요했지만 내 처지가 다른 데 마음을 쓸 여유가 없었다. 그래서 양로원에 전화하여 당장에는 갈 수 없노라고 양해를 구하고, 아내의 치료에 집중했다.

다행히 검사 결과, 아내는 암이 아니라 위염이 심한 상태라고 했다. 의사는 약 잘 먹고 신경 써 치료받으면 회복될 것이라고 말했다. 아내와 나는 의사에게 감사 인사를 몇 번이나 했다. 우리는 손을 마주 잡고 하나님께 감사 기도를 드렸다.

집으로 돌아와서도 우리 내외는 다시 한 번 하나님께 감사 기도를 드리고, 남은 인생을 더욱 온전하게 살아가자고 약속했다.

며칠 후, 양로원을 방문했다. 내가 입소시킨 할머니 두 분 중 먼저 입소한 할머니가 돌아가셨다는 연락을 받고도 못 와본 것이 마음에 걸렸던 것이다. 이미 장례를 치른 후였으므로 우리 부부는 살아 계신 다른 할머니 방을 찾아갔다. 우리가 들어서자 그 할머니가 같이 있던 할머니가 돌아가셨다는 소식을 전했다.

우리도 그 소식을 듣고 곧바로 오고 싶었지만 사정이 있어서 이제야 왔다고 말했다. 할머니는 고맙다며 내 손을 잡고 기도를 청한다. 나는 할머니를 위해 간절히 기도해 드렸다. 기도 후, 할머니는 나의 손을 꼭 잡은 채 특별한 부탁을 하나 하셨다.

할머니는 쪽방에서 살 때나 병원에 있을 때 연고가 없는 수급자가 사망하면 국가에서 협력업체에 의뢰해서 장례를 치러주는 것을 많이 보았었다. 그래서 연고가 없는 자기 같은 사람이 사망하면 어떻게 장례가 치러지는지 잘 알고 있었다.

할머니는 자기가 사망할 경우 내가 자신의 장례식을 지켜봐 주면 좋겠다고 한다. 그리고 병원에 들어오기 전에 살던 월세 집 보증금이 그 집에 있으니 그 돈으로 수의를 장만하여 자기가 그 옷을 입고 세상을 떠날 수 있게 해 달라고 한다.

연고자가 없는 수급자들이 사망할 경우 대부분 사망할 때 입고 있던 옷 그대로 얇은 송판 관에 넣어 장례를 치른 후, 시립묘지에 봉분 없이 평토장으로 묻는다. 그리고 지역 이름 밑에 사망자의 이름을 새긴 말목을 세우면 장례가 끝난다. 이 광경을 많이 보아온 할머니는 수의 없이 관에 들어가기가 싫었던 것이다. 세상을 어떻게 살아왔든 이 세상을 떠나 다른 세상으로 갈 때는 다른 사람들처럼 수의를 입고 가는 것이 옳다고 생각한 것이다. 나는 그 마음을 충분히 이해할 수 있었다.

나는 할머니께 나 역시 건강상 이미 수의를 준비해 두었으며, 내 수의는 베가 아니라 광목 수의라고 했다. 할머니는 자신이 입을 수의는 베로 했으면 좋겠다고 한다.

할머니가 수의에 대해 간절히 부탁하시는 말씀을 들으며 이 할머니뿐만 아니라 그동안 내가 보살펴 온 다른 노인들도 같은 마음일 거라는 생각이 들었다.

돌아오는 길에 아내를 조용히 바라보았다.

"여보!"

그러자 아내는 내 물음에 바로 답을 한다.

"어휴, 난 당신이 대충 무슨 생각하는지 알겠어요."

"어, 난 아무 말도 안했는데."

"당신 할머니들 수의 입혀 잘 보내줄 생각하는 거잖아요."

"하하하! 우리 아내 이제 정말 귀신 다 됐네. 맞아. 평생 어렵고 힘들게 쪽방에서 살다가 죽어서도 남들 입는 옷 하나 못 입고 간다고 생각하면 안 됐잖아. 우리가 수의 입혀 보내드리면 그나마 저분들께 위로가 되지 않을까? 세상을 바꾸는 그런 일은 아니지만 저분들께 마지막 위로가 된다면 이제 남은 마지막 봉사를 이것으로 하고 싶네 그려."

"정말 당신 못 말려요."

아내가 웃는다. 그리고 늘 그렇듯 나를 응원해 준다.

'쇠뿔도 단김에 빼랬다'고 나는 양로원을 다녀온 이튿날부터 수의를 해드릴 쪽방 어르신들을 찾아 나섰다.

며칠 동안 수고한 결과, 이십여 벌의 수의가 필요했다. 나는 저렴한 광목 수의를 했지만 이분들께는 베로 만든 수의를 해드리고 싶었다.

일단 중국산 베로 된 수의를 기준으로 가격을 조사해 보니 한 벌에 25만 원 정도였다. 이십여 벌을 준비하려면 600만 원 정도가 필요했다. 지금 내 형편에 적은 금액이 아니다. 매일 병마와 싸우며 투병 생활을 하고 있는 나에게는 큰 부담이었다. 그렇다고 해서 이대로 손 놓고 가만히 있을 수만은 없었다.

매일 밤 홀로 지내는 쪽방 노인들에게 위로가 될 수의를 입히는 일에 집중해서 기도를 했다.

그리고 하나님이 나를 인도하심을 몸으로 느낄 수 있었다.

인생의 아이러니

어떤 인간은 온 국민이 애도하는 가운데
꽃상여에 누워 세상을 떠난다
그러나 어떤 인간은 그 흔한
수의 한 벌 걸치지 못하고
한 많은 세상을 이별한다
'인생이란 무엇인가?'
모두. 다 흙으로 왔다가
흙으로 돌아가는 게 아닌가!

예수님

예수님이 중요한 분인 것은
인간을 천국으로 인도하시는 분이기 때문이다
수의 한 벌 입지 못하고 떠난다 하여도
예수님을 알고 믿었으면
그 인생은 천국으로 간다
거지 나사로가 천국에 갔다는 희망,
그 희망을 예수님이 주신다

나의 운명

참 짓궂은 운명이다
내 앞가림도 하기 힘들면서
남의 아픔 보면 못 참는 인생!
이것을 무슨 운명이라고 말해야 하나
잠시 하늘을 보면서
혼자 웃는다

마지막
열매

나는 그동안 몇 권의 책을 출판했다. 책들은 모르는 사람들에게 나를 인격적으로 소개하는 데 큰 도움이 되었고, 거기서 나오는 인세 또한 나의 활동에 큰 도움이 되었다.

나는 이번에도 책을 내기로 결정했다. 만일 이번에 책을 낼 수만 있다면 나의 마지막 출판(저서)이 될 것이고, 그 어떤 일보다 의미 있는 일이 될 것이다. 게다가 어려운 노인들의 마음을 조금이라도 위로할 수의 값을 인세를 통해 마련할 수 있다면 그야말로 금상첨화일 것이다. 나는 기쁜 마음으로 이 일을 위해 기도하기 시작했다. 마지막까지 힘을 짜내어 마지막 봉사의 여정을 이어가고 싶었다.

기도하면서 펜을 들었다. 펜을 들자 치열하게 살아온 인생의 흔적들이 새록새록 기억난다. 그리고 내 마음에 그 흔적들을 남기고 싶다는 열망이 뜨겁게 솟구쳐 올라온다. 나도 모르게 내 안에서 힘이 생겼다. 물론, 하나님이 주시는 힘이다. 나는 밤을 새워가며 글을 썼다. 출판이 될지 안 될지는 모르지만 되리라는 믿음으로 기도하면서 밤낮으로 글을 썼다.

뇌졸중, 치매 등 여러 병으로 정신이 가물가물하고 시력도 좋지 않아 글씨가 잘 보이지 않았지만 나는 기를 쓰고 글쓰기에 매진했다.

"오, 전능하신 나의 하나님, 나의 주 예수님, 이 종을 붙들어 주옵소서. 친히 글을 써 주옵소서. 이것이 저의 마지막 봉사가 될 수 있도록 보혜사 성령님께서 능력을 주시옵소서."

나는 간절히 기도하면서 한 글자 한 글자 채워나갔다.

남긴다는 것

인간은 무엇인가를 남기고 싶어 한다
그래서 자식도 낳고
사진도 찍고 글도 쓴다
높은 지위에 오르기도 한다
그러나 참으로 가치 있는 것,
그것을 남기기란 쉽지 않다

책 한 권

책 한 권을 세상에 내는 일은
얼마나 힘이 드는가
이 세상에 와서
책 한 권 내지 못하고 가는 인생이
99퍼센트일 것이다
그러고 보면 나는 행운아다
내 하고 싶은 말 다하여
이 세상에 책 몇 권을 보였으니
이것만도 크게 감사할 일이다

흔적

죄 많은 인생의 흔적이 별거 있을까
살아온 인생길 돌아보면 후회뿐인데
그래도 내가 걸어온 발자국 자꾸 보고 싶은 것은
다하지 못한 생의 미련 때문일까
흔적은 눈이 녹듯 지워지지만
보이지 않는 그 흔적은 영원하리라

사랑

사람들은 사랑이란 말을 많이 쓴다. 부부 간의 사랑, 부모와 자식 간의 사랑, 친구 간의 사랑, 이성 간의 사랑……. 그러나 예수님처럼 남을 위해 죽어 줄 수 있을 때 이것을 진정한 사랑이라 할 수 있다.

나는 2018년 3월에 서울에서 경기도 부천으로 이사를 왔다. 부천에서 서울까지는 급행 전동차가 있어서 30분이면 용산역까지 갈 수 있다. 부천에는 가톨릭 부천성모병원, 순천향대 순천향병원, 세종 심장전문병원 등 큰 전문병원이 여럿 있다. 또 원미산과 청계천 물길을 닮은 심곡천이 있다. 큰 시장도 많고 물가도 저렴하다. 공원도 많아 도시 전체가 푸른 숲으로 시원하게 둘러싸여 있어서 복잡한 서울보다는 여유롭다.

진달래 축제, 벚꽃 축제, 복숭아 축제는 부천 시민뿐만 아니라 인근 도시인 모두에게 큰 행복을 안겨주고 있다.

우리는 이 도시가 마음에 들었고 여생을 이곳에서 마무리하리라 생각하고 부천을 아끼며 사랑하고 있다.

부천 원미동에 마련한 작은 다세대 주택에서 우리는 3층에 살고, 1, 2층은 임대를 놓아서 약간의 임대 수입이 있다. 그 수입은 팔십이 넘은 우리 부부에게는 큰 도움이 된다. 아내와 나는 비록 병든 몸이지만 서로 의지하며 하루하루를 행복하게 살아가고 있다.

그런데 최근에 마음 아픈 일이 하나 있었다. 1층에 50대 남자가 혼자 세 들어 살고 있었는데 최근에 암이 생겨 경제적 활동을 거의 하지 못하게 되었다. 그러다 보니 임대료도 제때 내지 못했고, 전기세도 미납되어 단전 고지서가 붙기도 했다. 모친은 서울에서 수급자로 혼자 살고 계신다고 한다.

나는 평생 쪽방 주민과 노숙자들을 섬기며 살아왔기 때문에 이들의 사정을 누구보다 잘 안다. 그냥 보고만 있을 수가 없었다. 수급자 지정이 필요하다고 판단했다.

나는 긴급 수급자 지원 서류를 준비한 후, 행정복지센터의 복지담당을 찾아가 상세히 사정을 설명하고 수급자가 될 수 있도록 해 달라고 부탁했다. 담당자는 제출한 서류를 훑어보더니 곧바로 1층 집을 방문해서 확인해 갔으나 수급자로 지정을 받으려면 3개월이 소요된다고 했다. 하지만 우리 세입자는 현재 후두암, 폐암 환자로 단돈 한 푼이 아쉬운 상황이었다. 너무 안타까웠다.

"이봐요. 김 씨 안에 있나?"

나는 조용히 1층 집 방문을 두드렸다. 핼쑥한 모습의 김 씨가 문을 열고 나온다.

"오셨어요! 죄송해요. 방세는 곧 낼게요."

아마 내가 방세를 달라고 온 줄 알았나 보다.

"아니, 방세 때문이 아니고 우리 아내가 자네 먹으라고 죽을 끓여 주었는데 좀 먹으라고."

"아, 전 괜찮아요."

"괜찮긴. 아무것도 못 먹은 것 같구먼."

나는 억지로 죽을 밀어 넣어 주었다.

그 후 우리는 시장을 돌아다니다 싸게 과일 등이 나오면 조금 더 여유롭게 물건을 사서 김 씨에게 나누어 주었다.

그는 늘 받기만 한다고 미안해하던 착한 사람이었다.

2019년 3월 31일 밤 11시경 전화벨이 울렸다. 받아보니 1층 김 씨의 친구였다. 그가 말하기를 친구를 응급실로 데려왔는데 상태가 위독하다며 지금 이 상황에서 어떻게 해야 하느냐는 것이었다.

나 역시 건강이 좋지 않아 아내와 요양 보호사의 도움을 받으며 지내는 형편인지라 당장 뭐라고 할 수가 없었다. 나는 김 씨의 친구에게 내 사정을 말하고 아침에 병원으로 가겠다고 말했다. 나는 집에서 밤새 김 씨를 위해 기도했다.

다음날 병원을 방문했지만 안타깝게도 막 김 씨가 사망한 후였다. 다행히 친구가 그의 옆을 지키고 있었다. 모친도 연락을 받고 달려와 숨을 거둔 아들의 손발을 쓰다듬으며 대성통곡을 했다.

친구 또한 김 씨 가슴에 손을 얹고 이름을 부르며 애통해했다. 나는 모친과 친구를 진정시킨 뒤 고인의 이마에 손을 얹고 조용히 임종 기도를 드렸다.

친구나 모친 모두 장례에 대해서는 아무런 대책이 없었다. 수급자 지정도 아직 진행 중이라서 관으로부터 아무런 도움도 받을 수 없었다. 친구와 모친은 두 손 놓고 내 처분만 바라고 있었다.

나는 집주인일 뿐인데 이들에게 있어 지금 나는 목사였다.

나는 이 상황을 외면할 수 없었다. 이들을 도와 형편에 맞게 장례를 치르도록 해야만 했다. 일단, 경비가 문제였다.

이 상황에서 빈소를 마련하고 조문객을 받을 수도 없었다. 그래서 나는 솔직하게 상황을 설명하고 형편에 맞는 장례를 치르자고 마음을 맞추었다. 고인은 평소 수목장을 원했다고 한다. 그래서 그렇게 하기로 결정했다.

안치 비용, 수의 값, 관 값까지 계산해 보니 100만 원 정도 필요하고, 수목장 시 잔디밭이면 150만 원, 작은 나무면 300만 원 이상이 필요했다. 또한 화장 비용도 별도로 계산하므로 100만 원이 필요했다. 하지만 그 큰돈이 우리 모두에게 없었다.

고인의 통장 잔액과 친구, 모친, 그리고 내가 힘을 모아 장례식장 비용 160만 원과 화장 비용 100만 원을 겨우 마련했다. 그 돈으로 일단 고인을 화장했다. 그리고 우리는 당장 돈이 없어 유골을 고인이 살던 우리 집으로 가져왔다.

유골을 집으로 가져오긴 했지만 3일이 지나도 유해를 처리할 수 없었다.

강이나 산에 유골을 뿌려야 하는데 아무데나 뿌리면 불법이므로 쉽지가 않았다. 살아서도 고생만 하더니 죽어서조차 편히 묻힐 수 없는 현실이 너무나 안타깝고 가슴이 아팠다.

이런 상황을 보다 못한 아내가 발 벗고 나섰다.

아내는 고인의 모친으로부터 경기도 가평에 연고자가 있다는 말을 듣고 그에게 연락하여 이 문제를 해결하자고 했다. 달리 뾰족한 수가 없던 나는 가평의 연고자와 연락을 취해 허락을 받은 후, 고인의 친구, 모친과 함께 유골과 호미를 챙겨 가평으로 갔다. 그리고 고인의 연고자가 소유한 뒷산 소나무 밑에 작은 구덩이를 파고 재를 뿌린 후, 유골을 묻고 마무리 기도를 드렸다. 고인의 친구와 모친은 매우 고마워했다. 특히 그 친구는 자신의 일인 것처럼 나에게 연신 '고맙다'고 머리를 조아린다.

나는 이 일을 겪으면서 귀하고 따뜻한 사랑을 보았다. 아직도 처음부터 끝까지 고인과 동행하며 슬퍼하던 친구의 모습이 기억에 생생하다. 가난한 친구의 마지막 가는 길을 진심으로 배웅해 준 아름다운 사람이었다.

우리가 인생에서 건질 만한 보물이 있다면 바로 이런 사랑이 아닐까. 비록 고인은 힘들게 살다가 일찍 세상을 떠났지만 이런 좋은 친구가 있어서 살아생전에도 행복했으리라 생각된다.

나의 인생을 돌아보았다. 나에게 이런 사랑을 베풀어줄 친구가 있을까? 사실, 나는 지금까지 많은 사람들의 도움을 받으며 살고 있다. 나에게도 그런 친구들이 몇 명은 있는 것 같다. 또 나에게는 생명의 구주 예수님도 계신다. 문득 나는 행복한 사람이요, 큰 복을 받은 사람이라는 생각이 들었다.

가장 큰 사랑

세상에는 사랑이 많다
부모의 사랑, 부부의 사랑,
친구의 사랑, 청춘의 사랑……
그중에 가장 큰 사랑은
예수님 사랑이다
지옥의 저주를 면해 주시려
자신의 생명을 온전히 희생하셨으니
사랑 중의 왕은 바로 예수님 사랑이다
예수님의 사랑 영원한 사랑
이 사랑 잊지 말자

친구

낙엽이 떨어지듯
우리 인생 허무하게 진다하여도
진실을 나누었던 친구 한 사람 있었다면
성공한 인생이다
이 흉흉한 세상에서
누가 누구를 자신만큼 믿어주랴
내가 믿었고 나를 믿어주던 한 사람
그 친구 내게 있었으니
나는 행복하였다

주는 인생

주고 가는 인생이 되자
받으려고만 하지 말고
나누고 베푸는 인생이 되자
한 알의 밀알이 땅에 떨어져 썩어지면
많은 열매를 맺지만
그대로 있으면 한 알뿐이로다
한 알의 밀알처럼 나의 것을 나누자
많은 열매가 맺히리라

만남의 축복

인생은 만남의 연속이다
예수님 만난 사람은
언제나 좋은 일들을 만난다
특별히 좋은 사람들을 만난다
예수님이 보내주신 사람들이다

꼭 해야 될 기도

우리 주변에 어려운 이웃들이 없도록
날마다 기도하자
나만 건강하면 되지 하는 마음 버리고
나만 잘 살면 되지 하는 마음 버리고
우리 모두 다 함께 잘 살고 건강하도록
매일매일 기도하자
잊지 말고 기도하자

영원한
친구야

4월이라 산과 거리가 진달래꽃, 벚꽃, 복숭아꽃 등으로 아름답게 물들어 있다. 오늘따라 유난히 고향의 꽃과 바다가 그립고 보고 싶다. 그리고 고향 친구들이 생각난다.

이미 세상을 떠난 친구들도 많고, 생존해 있는 친구라 해도 요양원에 있거나 건강 등으로 고생하는 친구들이 여러 명 있다. 나 역시 건강이 좋지 않아 매일매일 요양 보호사의 도움을 받으며 걷고 운동하며 살고 있다.

오늘은 맑은 물이 흐르는 심곡천 주변을 걸었다. 심곡천은 고향의 옛 온천과 모습이 비슷하다. 고향 가까운 곳에는 유명한 덕구온천이 있다. 덕구온천은 국내에서 물이 좋기로 정평이 난 온천으로 관광지로도 널리 알려져 있다.

지금은 온천이 콘도와 호텔 등의 현대적 시설 안에 들어가 있지만 우리 어릴 때만 해도 온천이라고 해야 흐르는 개울물을 돌로 막아 물을 가두고, 그곳에서 발가벗은 채 시간 가는 줄 모르고 놀았던 곳이다. 물장구 치고 물싸움 하던 아름다운 시절이었다. 그 아름다운 추억들은 지금도 기억에 생생히 남아 있다.

어느 겨울 날, 친구와 온천을 가기 위해 버스를 타고 호산에서 북면까지 갔다. 그곳부터는 걸어서 덕구온천까지 갔다. 돌로 막은 간이 노천 온천에서 물장구를 치며 신나게 놀다가 보니 눈이 내리기 시작했다.

함박눈은 그칠 줄 모르고 펑펑 쏟아졌다. 우리는 그 눈을 피해 온천 가까운 곳에 있는 한 허름한 집 처마 밑으로 뛰어 들어갔다. 인기척을 느낀 집주인 할아버지가 우리를 발견하곤 춥다며 집안으로 들어오라고 하셨다. 우리는 집안으로 들어가 눈이 그치기를 기다렸지만 눈이 계속 내려 쌓였고 날도 저물기 시작했다.

집에 갈 생각을 하니 슬슬 걱정이 밀려왔다. 할아버지는 눈이 계속 오고 날도 저물어 가니 호산까지 간다는 것은 위험하다고 하시며 행랑채에서 하룻밤 자고 날이 밝으면 가라고 하셨다. 할아버지는 손수 저녁밥을 챙겨 주시며 우리를 안심시켜 주셨다. 당시는 모르는 사람일지라도 마을에 온 손님을 공짜로 재워주고 먹여주던 인심이 살아 있던 시절이었다.

할아버지는 심심할 터이니 화투라도 치라며 화투를 내어주셨다. 그래서 우리는 밤늦게까지 민화투 놀이를 하며 눈 내리는 밤을 시골 농가에서 보냈다. 날이 밝자 우리는 할아버지께 인사를 드리고 발목까지 빠지는 눈길을 걸어 집으로 돌아왔다. 지금도 그 정 많은 할아버지와 집으로 돌아오는 길에 본 눈 덮인 하얀 설원을 잊을 수가 없다.

이 친구와는 또 다른 추억도 있다. 친구 부모님은 가까운 곳에 본가가 따로 있어서 종종 본가에 가서 주무시곤 했다. 나는 자주 친구 집에 드나들었다. 친구 집 일을 돕기도 하고 공부도 하고 놀기도 했다.

그날도 친구 집에서 늦게까지 있다가 집에 가려고 일어섰는데 갑자기 번개가 번쩍이더니 천둥이 치면서 소낙비가 세차게 퍼붓기 시작했다. 순식간에 빗물이 도로로 밀려오더니 친구 집 부엌문까지 차올랐다.

친구와 나는 물이 부엌으로 넘어오지 못하도록 돌과 그릇 등으로 막으며 한밤중까지 안간힘을 쓰며 빗물과 사투를 벌였다. 옷은 비에 흠뻑 젖어 몸에 찰싹 달라붙었고, 머리는 생쥐 꼴이 되어 있었다. 그러나 빗줄기는 여전히 세찼다. 나는 무서워서 집에 갈 수도 없고, 또 친구를 혼자 두고 갈 수도 없는 진퇴양난에 빠졌다. 결국, 우리는 뜬 눈으로 밤을 꼴딱 새웠다.

다음날 아침 일찍 집에 오신 친구 부모님은 우리가 지난밤에 겪은 물난리 이야기를 들으신 후, 고생했다며 위로와 칭찬의 말씀을 해 주셨다. 나는 지금도 그 친구와 함께 물과 사투를 벌였던 그 밤을 종종 생각한다. 그때는 두렵기도 했지만 지금은 돌아갈 수 없는 아름다운 시간이었고 소중한 추억이 되었다.

친구 부모님이나 우리 부모님 모두 오래전에 세상을 떠나셨지만 친구는 여전히 고향을 지키며 열심히 살아가고 있다. 친구와 나는 믿음 안에서 신앙생활을 잘하며 성실하게 노년을 보내고 있다.

사랑하는 친구야, 부디 건강하고 하늘나라 갈 때까지 열심히 주의 일 하다가 함께 천국가자. 영원한 친구야, 나는 네가 너무나 보고 싶다. 이 글을 쓰고 있는 지금 우리의 지난날이 몹시도 그립다. 사랑하는 친구야, 오늘도 주어진 삶을 주 안에서 잘 살자꾸나.

눈 내리는 밤

흰눈이 소리 없이 내리는 밤
내 고향의 산과 들은 온통 흰색으로 변하고
어둠은 눈에 묻혔다
친구와 나는 그 밤에
눈이 선사하는 포근함을 느끼며 잠이 들었다
추운 겨울밤이, 차가운 흰눈이
우리를 따뜻하게 감싸주던 그 밤
그 눈 내리는 밤이 몹시도 그립다

고향 친구

광야 같은 인생길 걸어오면서
친구도 많이 만났지만
내 마음은 늘 고향 친구에게로 향한다
진실 된 친구는 모두 다 소중하지만
고향 친구의 얼굴이 자주 떠오르는 것은
세상 모르던 시절에 진실 나누었기 때문이리라
언제 만나도 고향의 샘물 같은 맛,
그 맛을 느낄 수 있기 때문이리라

날아가나이다

세월이 얼마나 빠른지

비행기보다도 빠르게 지나간다

고향을 생각하고

친구들을 생각하면

멋 옛날 그 옛적 엊그제 같은데

우리는 어느새 노인이 되어 있구나

그 연수의 자랑은 수고와 슬픔뿐이요

신속히 가니

우리가 날아가나이다

아코디언

젊고 활기가 넘치던 시절에는 다방면에서 봉사했다. 그중 아코디언 봉사도 한 몫 했다. 나는 종종 성동 구치소를 방문해서 강의를 하기도 했다. 구치소는 아무나 출입할 수 없는 곳이지만 나는 정기적으로 출입하면서 강의할 수 있었다.

수백 명의 수감자들 앞에서 강의한 후, 아코디언으로 찬송가나 흘러간 노래를 연주할 때면 수감자들도 함께 따라 부르며 무척 좋아했었다. 특별히 연주를 잘 하는 것도 아니고, 그냥 흉내만 내는 것이었는데도 많은 사람들이 나의 아코디언 연주를 좋아했었다.

시골의 여름날 저녁 무렵, 강가에서 조용히 아코디언을 연주하면 지나가던 사람들이 박수를 쳐주며 좋아하기도 했었다.

세월이 흘러 이제는 병든 노인이 되었다. 하지만 나는 얼마 전까지만 해도 여러 교회로부터 간증집회에 초청되어 집회를 인도했고 간증 후에는 찬송가 한두 곡을 불렀었다.

그러나 시간이 지날수록 간증 후에 찬송을 부르는 일이 힘들어졌다. 건강하지 않다 보니 쉽게 지쳤다. 그때마다 그 옛날 아코디언을 떠올렸다. 아코디언으로 마무리를 하면 좋을 것 같았다. 그러나 나는 끝내 한 번도 아코디언 연주로 집회를 마무리하지 못했다. 악기 값이 내 형편에 너무 비쌌기 때문이다. 나는 몇 번이나 종로 낙원상가에 진열되어 있는 아코디언들을 바라보았다.

초등학생들이 연주하는 작은 아코디언을 구입할 수도 있었지만 차마 그것으로 연주할 수는 없었다. 그리고 또 누가 내 아코디언 연주를 들으려 할까.

비록 꿈을 이루지는 못했지만 그래도 한순간이나마 그 옛날 멋진 연주를 꿈꿀 수 있어서 행복했다.

인간의 욕심은 한도 끝도 없다지만 인간은 꿈을 갖고 있을 때 행복하다. 나 또한 꿈이 있기에 지금까지 끈질기게 나의 인생을 붙들고 병을 이겨왔고, 신앙생활을 잘 하고 있는 게 아닐까?

꿈을 꾸며 산다는 것은 희망이고 행복이다.

꿈꾸게 하소서

하나님, 제가 계속 꿈꾸게 하소서
아버지 앞에 가는 그날까지
쉼 없이 꿈꾸게 하소서
그리고 꿈을 이룰 수 있는 지혜와
힘과 물질을 부어 주소서
저를 통해 아버지의 꿈을 이루소서

남은 날들은

이제 남은 날들은
헛된 것들을 멀리하고
주님의 음성만 들으며 살게 하소서
마무리 못한 것들 마무리하며
칭찬받는 목사로 살게 하소서
남은 날들은 더욱 진실하고 성실하게
주님의 뜻을 이루며 살게 하소서

약속

팔십이 넘은 지금도 나는 서울에 가면 남산과 서울역 앞 쪽방촌을 다녀온다. 그곳은 내가 평생 봉사했던 잊을 수 없는 장소다.

쪽방촌에는 여전히 반가운 얼굴들이 많다. 그들은 만날 때마다 반갑게 맞아주며 나의 건강을 염려해 준다. 순수하고 좋은 사람들이다. "목사님 계실 때가 좋았다."며 푸념하는 사람들도 있다.

나는 이곳에 들를 때마다 늘 마음이 불편하다. 한 할머니와 지키지 못한 약속 하나가 있기 때문이다.

이 할머니는 나의 봉사 현장에서 식당일을 많이 도와주셨으며, 교회에서도 집사님으로 봉사하셨다. 이 할머니 집사님 역시 연고가 없는 기초생활 수급자로 평생을 어렵게 사시다가 내 손으로 요양원에 입소시켜 드렸다.

나는 쪽방 어르신들 중 특히 연고가 없는 수급자 분들이 세상을 떠나면 장례식에 참석하여 장례 예배를 인도했다.

연고 없는 수급자의 경우 사망하면 국가에서 정한 절차에 따라 지정된 업체가 간단히 장례를 치러준다. 이때 나는 고인과 친한 쪽방촌 사람들과 함께 장례식에 참석하곤 했다.

　　연고자가 없는 이들이 죽으면 이들은 입고 있던 옷 그대로 관에 들어간다. 참 쓸쓸하고 허무하다는 생각이 들었다.

　　할머니는 쪽방촌 장례식에 가장 많이 참석하셨고, 평소에 나의 건강을 많이 걱정해 주셨다. 할머니는 "자기가 세상을 떠나면 목사님이 입회해서 장례 인도는 물론, 수의를 입혀서 관에 넣어 달라."고 부탁했다. 나는 꼭 그렇게 하겠다고 약속했다. 그때 주름진 할머니의 표정이 얼마나 해맑던지…….

　　그러나 나는 그 약속을 지키지 못했다. 어느 날, 밤늦은 시간에 요양원으로부터 할머니의 부음 전화를 받았지만 건강 상태가 최악이어서 섣불리 움직일 수가 없었다. 내 형편이 이렇다 보니 결국 장례식 입회도, 장례 집례도 하지 못한 채 할머니를 보내드려야만 했다.

　　할머니의 장례는 위탁업체에 의해 간소하게 치러졌다. 나는 장례식 전 잠시 안치실에 들러 기도를 해드리고 오긴 했지만 그 후의 장례 절차에 대해서는 전혀 신경 쓸 수가 없었다. 아마 할머니는 입고 있던 옷 그대로 화장장에 들어가 한 줌의 재가 되어 흙으로 돌아가셨을 것이다.

　　물론, 예수님을 잘 믿으셨던 할머니는 지금 영원한 나라, 천국에 잘 계시리라 믿는다. 그러나 나는 그분과 약속을 지키지 못해 마음 한 구석이 늘 무겁다.

　　할머니가 계시던 요양원에는 수급자 할머니들이 20명쯤 계신다.

나는 할머니께 입혀 드리지 못한 수의를 그분들에게 꼭 입혀 드리고 싶다.

그렇게라도 내가 약속을 지킨다면 할머니 집사님이 하늘나라에서 보고 기뻐하시지 않을까?

나는 치매를 앓고 있는 수필가다. 시인은 아니지만 이번 책은 주제마다 시 형식을 더하여 내 생각을 전하려 한다. 혼신을 다해 쓴 이 글이 많은 이들에게 작은 위안이 되었으면 하는 바람이다.

약속

그 약속이 크든 작든
약속은 지켜져야 한다
그러나 어쩔 수 없어 지키지 못하는
그 약속들을 어찌할까
세상은 그것 때문에 실망하고
때로는 분노하기도 한다
약속을 지키는 사람은
부끄러움이 없는 사람이다

할머니 집사님께

값싼 수의 하나 걸치지 못하고
한 많은 세상 떠났다고 슬퍼마세요
지금 가 계신 천국 얼마나 좋아요
짧은 인생 지나고 나면
가난도 부요도 아무것 아니어요
예수님 믿은 것만 남는 거예요
천국 생활이 증거하잖아요
기쁘게 살면서 기다리세요
저도 곧 천국에 갈 테니까요

사명 / 마지막 사명에 도전하라

초판 인쇄　2019년 11월 11일
초판 발행　2019년 11월 16일

지 은 이　김흥용
펴 낸 곳　코람데오
등　록　제300-2009-169호
주　소　서울시 종로구 세종대로 23길 54, 1006호
전　화　02)2264-3650, 010-5415-3650
　　　　　　FAX. 02)2264-3652
E-mail　soho3650@naver.com

ISBN | 978-89-97456-78-9　03230

값 **13,000**원